Anke Breitlauch
unter Mitwirkung von
Prof. Dr. Frank Haller
Dr. Alfred Lüneburg

HAVENWELTEN

BREMERHAVEN

Eine Stadt erfindet sich neu

GELEITWORT

Krisen können Innovation bewirken: Die strukturellen Krisen im Schiffbau und der Fischerei haben zu einer Aufbruchstimmung in Bremerhaven geführt.

Die Seestadt hat ihr Schicksal selbst in die Hand genommen und sich mit Hilfe des Landes Bremen neu positioniert durch

- die Wiederbelebung der maritimen Wirtschaft (Häfen/Logistik)

- den Aufbau neuer Industrien (Offshore-Windenergie) und

- die Ausprägung eines überregionalen Zentrums des Städtetourismus.

Mit den *Havenwelten* ist ein Mosaik aus einer Vielzahl touristischer „Diamanten" entstanden. Es gibt kein vergleichbares Projekt irgendwo sonst an der Küste. Nach einer Vorlaufzeit von fünf Jahren hat das Management das groß dimensionierte Projekt über einen Zeitraum von zehn Jahren (1999 – 2009) zielgerichtet und nachhaltig realisiert.

Das Buch *„Havenwelten Bremerhaven"* beschreibt die unglaublich ehrgeizigen Anstrengungen des strukturell bedrohten Bremerhavens, Neues zu installieren. Der Entwicklungsprozess wird bildlich und schriftlich in repräsentativer Weise festgehalten. Im Mittelpunkt steht also der Prozess der Entstehung eines innovativen Produkts, das Bremerhaven überregional als hochattraktiven Standort des Städtetourismus ausweist.

Das Werk bietet einen Überblick über die einzelnen Bausteine dieses wichtigsten städtebaulichen Projekts für die Stadt Bremerhaven seit den 70er Jahren des vergangenen Jahrhunderts. Gleichzeitig dokumentiert es die wesentlichen städtebaulichen sowie strukturpolitischen Überlegungen, die für die Realisierung dieses Projektes maßgebend waren und sind.

Anhand diverser Interviews und Statements von direkt Beteiligten, Pressezitaten und politischen Beschlussvorlagen – untermalt von unterschiedlich perspektivisch ausgewähltem Fotomaterial – ist mit der notwendigen Tiefenschärfe eine ansprechende und leichtläufige Dokumentation entstanden, die dem Anlass Rechnung trägt: 10 Jahre Entwicklung, Planung und Bauphase der *„Havenwelten Bremerhaven"*.

Prof. Dr. Frank Haller

Dr. Alfred Lüneburg

INHALTSANGABE

Ein Blick zurück in die Geschichte:
Wo heute die Havenwelten zu sehen sind, bestimmen 1966 noch traditionelle Hafenbetriebe das Bild. Im Alten Hafen, der im östlichen Teil zugeschüttet und so verkleinert wird, legt am 23. Juni 1966 die Bark Seute Deern an – ein erster maritimer Besuchermagnet im heutigen Museumshafen.

SEA LAND

AUS DER NOT GEBOREN – DER GRÖSSTE STRUKTURWANDEL IN DER GESCHICHTE DER STADT BREMERHAVEN

Bremerhaven ist nah am Wasser gebaut. Seine Lage an der Wesermündung bildet zugleich das Tor nach Übersee. Mit seinen 115 000 Einwohnern ist die Stadt die größte an der Nordseeküste und darüber hinaus Oberzentrum an der Unterweser für einen Einzugsbereich von 300 000 Menschen.

Nach der Gründung 1827 entwickeln sich zunächst der Hafenbau, der Hafenumschlag, der Schiffbau und die Fischerei zu dominierenden Wirtschaftsbranchen. Erste touristische Ansätze ergeben sich 1975, als das Büro Bremerhaven-Werbung in einer Mansarde an der Van-Ronzelen-Straße seine Arbeit aufnimmt und am 3. September 1975 das Deutsche Schiffahrtsmuseum eröffnet wird.

„Wenn es so etwas wie einen Urknall für die Tourismusentwicklung in Bremerhaven gibt, dann war das die Eröffnung des Nationalmuseums Deutsches Schiffahrtsmuseum.“

Hennig Goes, bis 2008 Geschäftsführer der BIS, Bremerhavener Gesellschaft für Investitionsförderung und Stadtentwicklung

In den Ursprungsbranchen der Stadt bricht in den 70er Jahren eine heftige Strukturkrise aus. Die Anrainerstaaten des nördlichen Atlantiks dehnen ihre Wirtschaftszonen auf 200 Seemeilen aus. In Folge verliert die deutsche Hochseefischerei ihre Fanggründe. Was an Quote verbleibt, macht nur noch einen Bruchteil bisher gefangener Mengen aus. Außerdem bekommt der Schiffbau auf den traditionsreichen Werften scharfe Konkurrenz aus Japan und Korea. Dort werden neue Schiffe zu Preisen unterhalb deutscher Materialkosten gebaut. Schließlich geben nach Ende des Kalten Krieges auch noch die US-Streitkräfte ihren Versorgungshafen in der Stadt auf. Viele zivile Arbeitsplätze gehen verloren und 1500 Wohnungen werden frei.

Der Zustand der Stadt spitzt sich dramatisch zu: Ob Arbeitslosen- oder Sozialhilfequote, Bevölkerungsrückgang, Wohnungsleerstände oder Pro-Kopf-Verschuldung – in allen Rankings weist Bremerhaven belastende Spitzenwerte auf. Nur in den neuen Bundesländern geht es einigen Städten noch schlechter.

Der Weg aus dem Dilemma kann nur in einem nachhaltigen Strukturwandel bestehen. Anknüpfen will Bremerhaven an zwei gewachsene Branchen:
… die Hafenwirtschaft, die aufgrund der zunehmenden Globalisierung, vor allem der asiatischen

Die ersten Liegeplätze des 1857 gegründeten Norddeutschen Lloyds befinden sich an den Kajen des Neuen Hafens.

Blick vom Alten Leuchtturm auf die neue Verbindung zwischen dem Alten und Neuen Hafen im Jahre 1929.

Volkswirtschaften, stark expandiert, und an

… die Fischverarbeitung, denn Kühlkapazitäten sind reichlich vorhanden. Mit dieser Grundausstattung entwickelt sich der Fischereihafen zu einem Zentrum für die allgemeine Lebensmittelverarbeitung. Heute arbeiten hier wieder genauso viele Menschen wie in den besten Zeiten der Fischerei.

Als drei weitere Schwerpunkte wirtschaftlicher Entwicklung will die Stadt

… die maritime Forschung und Technologie,
… die Windenergie und
… den maritimen Städtetourismus

fördern.

DIE SAIL BREMERHAVEN 86 – EIN GRANDIOSES DEBÜT

Zum touristischen Schlüsselerlebnis entwickelt sich das internationale Festival der Windjammer „Sail Bremerhaven 1986“. Fast eine Million Menschen strömen in die Stadt und an den Weserdeich. Zum ersten Mal wird der Neue Hafen für den Tourismus öffentlich zugänglich. Als Schirmherr genießt Bundespräsident Richard von Weizsäcker die Windjammerparade. Ein Großereignis, das den Bremerhavenern Mut macht und auch ihre Liebe zu dieser Stadt widerspiegelt. Sie spüren, dass ein maritim ausgerichteter Tourismus für die Seestadt ein neues wirtschaftliches Standbein werden kann.

Die Eröffnung des Deutschen Schiffahrtsmuseums ist der Beginn der touristischen Entwicklung.

Die Sail '86 macht Mut, verstärkt auf den Tourismus als wirtschaftliches Standbein zu setzen.

im Alten und Neuen Hafen liegen, doch gehört es zur Strategie Bremerhavens, auch andere attraktive Angebote, etwa im Fischereihafen oder in den Überseehäfen, auf den Tourismus auszurichten.

Anfang der 90er Jahre können die ehrgeizigen Ziele finanziell weiter abgesichert werden. Das Land Bremen hat mit Erfolg beim Bundesverfassungsgericht seine mangelhafte Finanzausstattung beklagt. Die daraufhin vom Bund bereitgestellten Mittel, die bis 2004 insgesamt rund 9 Milliarden Euro umfassen, werden zum größten Teil zur Entschuldung des Landes, aber auch für ein Wachstum förderndes Investitionssonderprogramm (ISP) eingesetzt. Von den ISP-Mitteln profitiert Bremerhaven maßgeblich.

Über das ISP wird sichergestellt, dass die Seestadt die strukturpolitischen Maßnahmen Hand in Hand mit den Verantwortlichen des Landes Bremen plant und umsetzt.

Touristisch soll der Schwerpunkt der Investitionen im Entwicklungsgebiet Alter/Neuer Hafen liegen. Dort besteht der größte Handlungsbedarf, dort eröffnen sich aber auch die größten Zukunftschancen. Die Gründe liegen auf der Hand:

Die südliche Innenstadt 1960. Der Alte Hafen ragt noch in voller Ausdehnung in die Stadt hinein.

STRUKTURPROGRAMME FÜR BREMERHAVEN

Wirtschaftssenator Werner Lenz, unterstützt von seinem Staatsrat Prof. Dr. Frank Haller, beginnt den Problemen Bremerhavens mit gezielten Strukturprogrammen entgegenzuwirken. Auf das bereits 1983 aufgelegte erste wirtschaftspolitische Aktionsprogramm für Bremen und Bremerhaven, kurz WAP I genannt, baut in der folgenden Legislaturperiode WAP II auf. Mit diesen Programmen werden gezielt Struktur verbessernde Projekte in Bremerhaven gefördert. Aktivitäten, die das Land Bremen intensiv unterstützt.

„Wir müssen mit dem Wasser wuchern."

Werner Lenz, Senator für Wirtschaft und Außenhandel im Lande Bremen von 1983 bis 1987

Der maritime Tourismus gewinnt bei der Veränderung der Strukturen in Bremerhaven eine immer weiter zunehmende Bedeutung. Um den See- und Hafenbezug als Standortfaktor für den Tourismus herauszustellen, wird vorgeschlagen, die Tiergrotten zu einem Zoo am Meer auszubauen, die Strandhalle zu modernisieren, neue Hotelkapazitäten anzubieten und den zentralen Bereich Alter und Neuer Hafen grundlegend zu sanieren.

Im Zusammenhang mit den aufgelegten Programmen wird auch der Bau einer Sportbootschleuse untersucht. Zu den touristischen Aktivitäten gehört darüber hinaus die Entwicklung des Schaufensters Fischereihafen, das die Aspekte der Bremerhavener Lebensmittelwirtschaft, insbesondere der Fischwirtschaft, sehr erfolgreich für Touristen aufbereitet. Zwar soll das Schwergewicht der Entwicklung

Die Innenstadt vor Beginn der Entwicklung am Alten und Neuen Hafen. Noch ist die Freifläche ein riesiger Parkplatz am Weserdeich.

1. Die beiden ältesten und innenstadtnahen Häfen in Bremerhaven spielen seit dem Zweiten Weltkrieg hafengewerblich nur noch eine geringe Rolle. Das Areal am Alten und Neuen Hafen ist zu einer Brache verkommen und wird nur noch provisorisch als Parkplatz genutzt. 1991/92 erklären es die Stadtverordnetenversammlung und die Bremische Bürgerschaft (Landtag) zum Sanierungsgebiet, um letzte Gewerbebetriebe auszulagern. Damit wird zwischen der Innenstadt und der Weser ein Filetstück mit enormem Entwicklungspotential frei.
2. Maritimer Tourismus am Weserufer im großen Stil ist allein aus geografischen Gründen nur in der Innenstadt möglich. Im Norden grenzt Bremerhaven an die stadtbremischen Überseehäfen, im Süden an den Fischereihafen mit seinen Gewerbebetrieben.
3. Die in den 70er Jahren geschaffene Fußgängerzone in Bremerhaven ist in die Jahre gekommen. Viele leer stehende Geschäfte spiegeln wider, wie sehr Bremerhaven als oberzentraler Einkaufsstandort an Bedeutung verloren hat.
4. Mit den Entscheidungen, die Hochschule und das Alfred-Wegener-Institut für Polar- und Meeresforschung (AWI) in der Innenstadt anzusiedeln, sind die Weichen für die Ansiedlung weiterer Einrichtungen in der City bereits gestellt. Die Zukunftsparole lautet: Die City Bremerhavens zum Wasser hin zu öffnen. Ziel ist, die vorherrschende Stadtgeometrie in Nord-Süd-Richtung zu überwinden und die Kluft zu überbrücken, die in den 70er Jahren mit dem Bau des Columbus-Centers und später mit der Columbusstraße zwischen Innenstadt und der Weser entstanden ist. Die Innenstadt soll sich nunmehr als Ganzes dem Wasser zuwenden.

GUTE IDEEN GESUCHT – CHRONOLOGIE EINER AUFREGENDEN ZEIT

Erste Ideen, am Weserdeich ein großes touristisches Projekt zu entwickeln, gedeihen in kreativen Runden mit Oberbürgermeister Willms (OB von 1983 bis 1995), Wirtschaftssenator Beckmeyer (von 1987 bis 1991 in diesem Amt), Staatsrat Euler und Senatsdirektor Haller. Senatsbaudirektor Kulenkampff produziert Anregungen grafischer Art und stellt auch knallige Vergnügungslandschaften im amerikanischen Stil auf den Prüfstand. Zugleich werden mehrere Architektenwettbewerbe ausgeschrieben. Als Sieger macht vor allem der katalanische Architekt Enric Miralles i Moya (1955 bis 2000) von sich reden. Er schlägt extravagant eine Kunstwelt mit Steg- und Wegesystemen übers Rick der Bark „Seute Deern“ vor. 1993 kommen die Bremerhaven-Werber Hennig Goes und Sigismund von Dobschütz auf die Idee, das Sanierungsgebiet Alter/Neuer Hafen weltweit in der „Financial Times“ zu annoncieren. Mit Erfolg: Der namhafte US-amerikanische Architekt Peter Chermayeff meldet sich und erhält die Chance, einen Masterplan zu erarbeiten. Chermayeff empfiehlt, Touristen mit einem Großaquarium nach Bremerhaven zu locken.

1994 bindet das Bremer Wirtschaftsressort die Wiesbadener Köllmann AG in den Planungsprozess mit ein. Jürg E. Köllmann soll dem Architekten Chermayeff als Projektentwickler zur Seite stehen und Investoren für Bremerhaven gewinnen. Köllmann entwickelt und präsentiert fünf Masterpläne für einen Ocean Park, darunter als zentrale Attraktion den „Blauen Planeten“, eine Darstellung der Ozeane und Wasserwelten. Die Finanzierung will er über einen privaten Fond regeln.
Das Land Bremen und die Stadt Bremerhaven ziehen mit und erklären sich bereit, für den Ocean Park Mittel bereitzustellen. Zugleich wird im Frühjahr 1995 der Rahmenvertrag rechtswirksam, nach dem das Entwicklungsgebiet hoheitlich von der Stadt Bremen auf die Kommune Bremerhaven übertragen wird.

„Die Bremerhavener haben damit ein Stück Stadt am Wasser gewonnen, was sie dort vorher nie hatten.“

Baustadtrat Volker Holm

Ein Jahr später wird die Ocean-Park-Entwicklungsgesellschaft (OPEG) gegründet, eine 50:50-Gesellschaft zwischen der Köllmann AG und der Stadt Bremerhaven.

Als scharfer Kritiker der neuen Welten tritt 1996 eine Bürgerinitiative auf den Plan. Mit dem Bremerhavener Juristen Dr. Manfred Ernst an der Spitze argumentiert sie in den kommenden vier Jahren bei zahlreichen Veranstaltungen und Aktionen gegen „künstliche Welten an historischen Plätzen“. Das Motto der Bürgerinitiative: „Bremerhaven ja – Ocean Park – nein danke“.

In den politischen Gremien aber bleibt es beim Ja. 1997 schreiben die Wirtschaftsförderungsausschüsse des Landes die beiden Projekte des Entwicklers Köllmann – und dazu gehört neben dem Ocean Park Bremerhaven auch der Space Park in Bremen – im Investitionssonderprogramm (ISP) fest. Sie stellen 13 Millionen Euro Planungsmittel zur Verfügung. Der Bremer Senat und der Magistrat der Stadt Bremerhaven ziehen entsprechend mit. Öffentlich vorgestellt werden die Ergebnisse der so genannten Designphase II im Weserforum.

1998 wird auch die Finanzierung gesichert: Die Wirtschaftsförderungsausschüsse bewilligen für den Ocean Park Mittel in Höhe von 270,6 Millionen Euro aus dem Sondertopf ISP. Erstaunlich: Dieser Finanzrahmen bleibt unverändert bestehen, auch, als sich das Projekt inhaltlich stark verändert und weiterentwickelt wird.

Im Alten und Neuen Hafen beginnen die ersten Arbeiten an der neuen Infrastruktur. Ein besonderes Problem bereitet der Schwerlastverkehr, der mitten durch das Entwicklungsgebiet geführt wird. Die Stadt erwirkt, dass fortan die Columbusstraße den Schwerlastverkehr aufnehmen darf. Sie muss aber an der Schleusenstraße eine neue Brücke bauen, damit nunmehr dort eine tragfähige Zufahrt in den Hafen garantiert ist.

Die Strandhalle ist saniert, die neue Seebäderkaje angelegt, aber vom Neubau des Zoos und der Sportbootschleuse ist in den 90er Jahren noch nichts zu sehen. Noch entwickeln sich die großen Pläne nur auf Papier.

Sail 2005: Das Deutsche Auswandererhaus ist eröffnet, das Tourismuszentrum Hafeninsel in Betrieb und an den neuen Kajen präsentieren sich die Windjammer. Auf der großen Freifläche am Deich aber steht die Bebauung erst noch bevor.

In der Öffentlichkeit protestiert die Bürgerinitiative vehement weiter gegen „künstliche Welten“ in Bremerhaven. Sie setzt sogar einen Bürgerentscheid durch. Doch im Ergebnis entscheidet sich die Mehrheit am 7. März 1999 für den Ocean Park. 25 221 (56 Prozent) stimmen dafür, 19 798 (44 Prozent) dagegen. Die für einen wirksamen Entscheid erforderlichen 27 561 Stimmen (30 Prozent der Wahlberechtigten) werden allerdings von keiner Seite erreicht.

Dafür mehren sich auf politischer Seite Zweifel, ob das Projekt wirtschaftlich überhaupt tragfähig ist. Im Juni 1999 setzt die Stadt Köllmann eine letzte Frist bis Ende des Jahres, um die Finanzierung des Ocean-Parks sicherzustellen. Vorsorglich beginnt sie damit, die Weichen neu zu stellen und die Geschicke Bremerhavens nunmehr selbst in die Hand zu nehmen. Im Juli 1999 gründet sie die Bremerhavener Entwicklungsgesellschaft Alter/Neuer Hafen (BEAN). Sie soll künftig die städtische Bauherrenfunktion übernehmen, während der Bremerhavener Gesellschaft für Investitionsförderung und Stadtentwicklung (BIS) die Projektsteuerung der Infrastruktur übertragen wird.

Tatsächlich läuft am 31. Dezember 1999 der Vertrag mit Jürg E. Köllmann ergebnislos aus. Die private Finanzierung des Großprojekts kann nicht sichergestellt werden. Wirtschaftssenator Josef Hattig lehnt die Forderung nach weiteren Planungsmitteln ab.

NEU DURCHSTARTEN IM NEUEN JAHRTAUSEND

Mit dem neuen Jahrtausend beginnt eine neue Politik. Jörg Schulz ist seit einem Monat Oberbürgermeister. Er war schon als Oppositionsführer ein Befürworter der Entwicklung am Alten/Neuen Hafen. Mit ihm an der Spitze sucht der Magistrat der Stadt nunmehr in eigener Regie und zunächst hinter verschlossenen Türen das Gespräch mit potenziellen privaten Investoren. Die Stadt will das umfangreiche Projekt nicht mehr mit nur einem Partner realisieren, sondern setzt auf eine dezentrale Lösung mit unterschiedlichen Investoren und Betreibern.

„Jörg Schulz hat die Dinge Schritt für Schritt entwickelt. Das fand und finde ich gut."

Henning Scherf, von 1995 bis 2005 Regierungschef im Land Bremen

Der Startschuss fällt im Juni 2000 im Magistrat. Das Gremium beauftragt das Baudezernat, einen städtebaulichen Rahmenplan für das Entwicklungsgebiet Alter/Neuer Hafen zu erarbeiten. In bester Lage, zwischen Wesermündung und City, soll eine neue Welt entstehen für eine attraktive, urbane Mischung aus Tourismus, Kultur, Freizeit, Wohnen, Handel und Gewerbe.

Das größte Vorhaben der Stadt Bremerhaven kommt in Bewegung. Im November 2000 stellt der Magistrat den vom Baudezernat erarbeiteten Rahmenplan vor. Er bildet die Grundlage für alle weiteren Verhandlungen mit Investoren und Betreibern. Auf Stadt- und Landesebene bestätigen die Fachausschüsse die planerischen Veränderungen und auch das bereits 1998 festgelegte Finanzbudget.

Das Zentrum des Ocean Parks soll nunmehr an der Schnittstelle zwischen Altem und Neuem Hafen liegen. Nur gibt es Bedenken, ob ein Großaquarium angesichts ähnlicher Pläne an anderen Standorten noch richtig ist. Immer mehr orientieren sich die Gespräche am Konzept des erfolgreichen Science Centers Universum im Bremer Technologiepark. Diskutiert wird über eine mögliche maritime Variante für Bremerhaven.

Im Frühjahr 2000 wird Frank Haller einmal mehr als Verbindungsmann zwischen den Verwaltungen der Kommune und des Landes, den Investoren und Betreibern aktiv. Er ruft den Chef des Universums, Carlo Petri, in dessen Urlaub auf Kreta an und bittet ihn um eine Idee für eine zentrale Touristenattraktion mit maritimer Prägung. So reifen unter griechischer Sonne erste Ideen für ein „Klimarium" oder ein Klimahaus in Bremerhaven.

„So etwas Langweiliges habe ich ja noch nie gehört." Erste Reaktion von Prof. Dr. Frank Haller auf den Vorschlag von Petri, in Bremerhaven ein Klimahaus zu errichten.

„Wie man sich irren kann." Frank Haller heute, da das Thema Klima in aller Munde ist.

Im April 2001 präsentieren Wirtschaftssenator Josef Hattig (CDU) und Oberbürgermeister Jörg Schulz (SPD) der Öffentlichkeit eine Gruppe möglicher Investoren und Betreiber für das Entwicklungsgebiet. Anstelle des „Blauen Planeten" der Köllmann-Planung wird ein neuer zentraler touristischer Magnet gesucht – von öffentlicher Hand gebaut und privat betrieben. Alternativ sollen einerseits das französische Unternehmen Nausicaa, das im Schaufenster Fischereihafen das Aquarium gebaut hat und in Boulogne-sur-Mer (Normandie) ein Großaqarium unterhält, sowie andererseits das Hamburger Unternehmen Petri & Tiemann, das mit dem Sciene Center Universum in Bremen erfolgreich an den Markt gegangen ist, Konzepte entwickeln. In der Entscheidungsphase gibt das Alleinstellungsmerkmal den Ausschlag: Großaquarien gibt es schon, ein Klimahaus noch nicht. So entscheidet sich die Bremerhavener Stadtverordnetenversammlung unter Beteiligung von Kölner Freizeitforschern für das Konzept von Petri & Tiemann.

Mit einer Computer-Animation wird 2004 die futuristische Architektur der Havenwelten präsentiert.

Vom Wasser aus betrachtet: die Pläne für die Havenwelten sind fertig, die Investoren gefunden. Der Bau der neuen Erlebnismeile kann beginnen.

AUF EINEN BLICK:

PROJEKT: Havenwelten

LANDFLÄCHE:

25,8 Hektar

WASSERFLÄCHE:

12,7 Hektar

AUSDEHNUNG OST-WEST:

circa 300 Meter

AUSDEHNUNG NORD-SÜD:

circa 1800 Meter

AUSGEZEICHNET:

Deutscher Städtebaupreis 2009, verliehen vom Bundesministerium für Verkehr, Bau und Stadtentwicklung als „Nationaler Preis für integrierte Stadtentwicklung und Baukultur“

Das Bremer Unternehmen Zechbau meldet Interesse an, in direkter Nachbarschaft zum Klimahaus ein Hotel zu bauen. Im Einzelhandel will sich die Buxtehuder AVW-Albrecht Vermögensverwaltungs AG mit dem Mehrheitsaktionär und Vorstandsvorsitzenden Frank H. Albrecht an der Spitze engagieren. Er hat schon in Bohmsiel, im Süden Bremerhavens, einen Fachmarkt gebaut und kann sich am Weserdeich ein Einkaufszentrum mit südlichem Flair vorstellen, eine „Casa italiana".

Den Part „Wohnen am Wasser" plant die Hansa Grundbesitz- und Beteiligungs GmbH. Die Architektur soll zur geplanten Marina am Neuen Hafen passen. Für den Bau einer Marina begeistert sich das Familienunternehmen Jaich aus Kappeln an der Schlei. Jaichs betreiben bereits mehrere Yachthäfen an der Ostsee und können sich gut vorstellen, erstmals auch an der Nordsee zu investieren. „Im-jaich" erhält den Zuschlag.

„Wenn es die mutigen Unternehmer nicht gäbe, würden wir immer noch in der Wüste leben."

Markus Griesenbeck, Geschäftsführer der Atlantic-Hotelgruppe

Im Januar 2002 legen sich die Investoren und Betreiber schriftlich fest. Dazu gehören nunmehr die Unternehmen AVW AG für das Mediterraneo, die Investoren Zech und Linnemann für das Sail City-Gebäude und Petri & Tiemann für das Klimahaus. Das Projekt wird aufgeteilt in verschiedene Module, die in sich investitionsfähig sind. Wenn ein Projekt nicht umgesetzt werden kann, soll nicht gleich das Gesamtprojekt in Gefahr geraten.

Die klassische Arbeitsteilung, wonach die öffentliche Hand allein für die Infrastruktur zuständig ist, wird ebenfalls modifiziert: Nunmehr soll die öffentliche Hand das Klimahaus bauen, während Private als Betreiber fungieren. Beim Bau der Tiefgarage unter den drei großen Attraktionen Hotel, Einkaufszentrum und Klimahaus läuft es umgekehrt. Die privaten Investoren wollen sie bauen, die „Städtische Gesellschaft für den Betrieb öffentlicher Parkierungsanlagen (StäPark)" will sie betreiben.

Der Strukturwandel der Stadt wird jetzt immer mehr sichtbar. 2002 weiht die Stadt die komplett neu gestaltete Fußgängerzone in der City ein. Für die modernisierte Infrastruktur der 900 Meter langen Einkaufspromenade einschließlich ihrer Nebenstraßen und angrenzenden Plätze investiert sie 65 Millionen Euro. Parallel dazu werden am Alten und Neuen Hafen Altlasten beseitigt, Erschließungsmaßnahmen vorangetrieben und alte Schuppen und Hallen abgerissen – darunter im April 2004 auch die so genannte Rogge-Halle. Ihr Abriss wirbelt viel Staub auf, weil erwartet wurde, sie würde restauriert oder an anderer Stelle wieder aufgebaut. Steine und Stahl werden gereinigt und auf Paletten erst einmal zur Seite gelegt.

Der Bau des Deutschen Auswandererhauses gehört zunächst nicht zum städtebaulichen Konzept, wird dann aber eingebunden und ab Oktober 2004 gebaut. Mehr noch ist das Deutsche Auswandererhaus die erste neue große Touristenattraktion der maritimen Erlebniswelt. Sie wird pünktlich zur Sail 2005 eröffnet.

An den Bebauungsplanverfahren, die im Sommer 2003 beginnen, beteiligt die Stadt die Bürger über das geforderte Mindestmaß hinaus. Die Bremerhavener könnten keine guten Gastgeber sein, wenn sie sich mit dem Projekt nicht identifizierten, heißt es. Die Resonanz fällt im Grundsatz positiv aus. Nur fällt es manchen Bremerhavenern schwer, sich an der Nordsee ein Einkaufszentrum im mediterranen Stil vorzustellen.

„Das Mediterraneo am Weserdeich, dem Herzen der Stadt zu bauen, war eine Fehlentscheidung, möglicherweise eine erzwungene. Man brauchte einen privaten Investor. Er hat Bremerhaven einen Hut aufgesetzt, der weder zum Charakter der Stadt noch zu ihrer Geschichte passt. Dennoch wünsche ich ihm Erfolg, denn ein Misserfolg an diesem Ort wäre eine noch größere Katastrophe als die vorhandene mediterrane Attrappe."

Dr. Manfred Ernst, Jurist in Bremerhaven und Sprecher der Bürgerinitiative

Das Entwicklungsgebiet trägt jetzt den Namen „Havenwelten", geschützt beim Deutschen Patent- und Markenamt in München. Der Einstieg in die neue Ära der Stadt Bremerhaven ist geschafft …

„Mich hat die Idee begeistert, die Stadt zum Wasser hin zu öffnen, brachliegende Gewerbeflächen wieder zu beleben und nach innen zu zeigen: Wir können das, es lohnt sich, in Bremerhaven zu bleiben, zu leben, wir können selbstbewusst auftreten und stolz sein auf diese Stadt. Dafür muss man Verantwortung übernehmen, den Kopf hinhalten und machen."

Oberbürgermeister Jörg Schulz

ES WAR EINMAL: DER OCEAN PARK

ARCHITEKT:

zunächst Peter Chermayeff (USA); danach RKW, Düsseldorf und Architectura, Vancouver/Kanada

PROJEKTENTWICKLER:

Jürg E. Köllmann (Wiesbaden)

GEPLANTE ERLEBNISBEREICHE:

- „Der Blaue Planet“: eine Darstellung der Wasserwelten und Ozeane
- „Harbour Walk“: eine Hafenpromenade mit Multiplex-Kino und Entertainment in der Taifun-Arcade sowie circa 25 000 Quadratmeter Einzelhandel
- „Harbour Village“: ein Hafenstädtchen mit Kneipen, Cafés, kleinen Läden und einer Marina für Segelyachten und Motorboote
- „Ocean Palace“: ein Veranstaltungszentrum für 5000 Gäste sowie
- ein Nachbau eines Ocean-Liners als Hotel mit Spielcasino. ◆

1

DAS GROSSE ZIEL

ist erreicht, die Innenstadt hat sich mit den *Havenwelten* zum Wasser hin geöffnet.

Die Vogelperspektive verdeutlicht das Ausmaß der Entwicklung:

1. DEUTSCHES SCHIFFAHRTSMUSEUM
2. EINKAUFSZENTRUM MEDITERRANEO
3. KLIMAHAUS BREMERHAVEN 8° OST
4. BREMERHAVEN SAIL CITY
5. HAFENINSEL
6. ZOO AM MEER
7. LLOYD-MARINA
8. WOHNEN AM WASSER
9. EHEMALIGES LLOYDDOCK
10. TECHNOLOGIEPARK
11. DEUTSCHES AUSWANDERERHAUS

Wie ein neuer Stadtteil prägen heute die *Havenwelten* das Gesicht der Stadt an der Wesermündung

1. DEUTSCHES SCHIFFAHRTSMUSEUM
2. EINKAUFSZENTRUM MEDITERRANEO
3. KLIMAHAUS BREMERHAVEN 8° OST
4. BREMERHAVEN SAIL CITY
5. HAFENINSEL
6. ZOO AM MEER
7. LLOYD-MARINA
8. WOHNEN AM WASSER
9. EHEMALIGES LLOYDDOCK
10. TECHNOLOGIEPARK
11. DEUTSCHES AUSWANDERERHAUS

IM ZOO AM MEER FÜHLEN SICH DIE TIERE WIE ZU HAUSE

Der Zoo am Meer – oder die Tiergrotten, wie die Einrichtung bis 1984 hieß – gehört seit jeher zu den beliebtesten Attraktionen Bremerhavens. Mit der Neueröffnung am 27. März 2004 hat die Begeisterung für den kleinsten, wissenschaftlich geleiteten Zoo Europas noch zugenommen. Die Besucher erleben nordische und wasserbezogene Tiere in großzügigen, naturnah gestalteten Anlagen direkt mit Blick auf das „Meer". Die Szenerie erzeugt die Illusion von einer Tierwelt ohne Gitter, und dies vor dem Hintergrund der offenen See. Da könnte der Besucher fast meinen, gleich schwimmt die Robbe auf und davon.

Die Geschichte des Zoos beginnt 1913 mit einem Nordseeaquarium.

Die Tiergrotten feiern 15 Jahre später, am 24. Juni 1928, ihre Eröffnung. In Anlehnung an Hagenbecks Tierpark in Hamburg wird er gern „Klein-Stellingen" genannt. Neben Eisbären und Braunbären ziehen Seelöwen, Seehunde und Rentiere in die Gehege und Bassins ein, aber auch Basstölpel, Flamingos, Marabus, Paviane, Meerkatzen und Rhesusaffen. In den 30er Jahren beginnt der kleine Tierpark mit der Eisbären-Zucht. Suse II. wird in den 50er Jahren gar zur Legende: Die ruhige und stressfeste Bärin bringt 17 Junge zur Welt.

Der Eisbär ist von Beginn an das Flaggschiff im Zoo, sein Gehege eine Attraktion. Aber die Bremerhavener Familien kennen sich auch in allen anderen Ecken ihrer geliebten „Tiergrotten" bestens aus. Um die Ecke der Biber, gegenüber das Stinktier, hinterm Kiosk die Ziegen, im Terrarium die Schlange und hinten links sogar ein Storch. Und in kaum einem Album fehlt das Motiv „Kind auf Klappmütze", einer Plastik als Denkmal für die arktische Mützenrobbe Hansi.

Von Beginn an war und ist der Eisbär das Flaggschiff für den Zoo.

Über Jahrzehnte beliebt: Am Eingang der Tiergrotten bilden sich wie hier zu Ostern 1971 oft lange Schlagen.

In den 90er Jahren wird allerdings deutlich, dass sich der Zoo in seiner bisherigen Form überlebt hat und schon aus Tierschutzgründen neu konzipiert werden muss. Auch die Bausubstanz hat gelitten und ist nicht mehr erhaltenswürdig. So beschließt 1993 der Bau- und Kulturausschuss, eine Studie zur Erneuerung und Erweiterung des Zoos am Meer in Auftrag zu geben.

Mit neuem Eingang, imposanten Landschaften und Blick auf die Weser präsentiert sich der Zoo am Meer seit seiner Neueröffnung 2004.

Dem damaligen Zoodirektor Dr. Rüdiger Wandrey schwebt vor, als Leitmotiv die Evolution, die Entwicklung des Lebens, darzustellen. Mit Fossilien und Modellen, aber auch mit lebenden Tieren und Pflanzen. Im Kontrast dazu entwickeln die Köllmann-Gruppe und die kanadische Architektengruppe Architectura, Vancouver, eine alternative Zoo-Planung.

Köllmann bietet an, den Zoo am Meer als „outdoor"-Einrichtung für Tierarten im Wasser zu erhalten und die Schimpansen zur Kinderbelustigung in einen Spielplatz außerhalb des Tierparks zu integrieren. Für einen wissenschaftlich agierenden und mit internationalen Verbänden verknüpften Zoo ist dies allerdings nicht akzeptabel. Das Konzept soll noch einmal auf den Prüfstand.

Grundsätzlich aber ist der Weg für Köllmanns Ideen, den Zoo in die Ocean-Park-Planung einzubetten, frei:

AUF EINEN BLICK:

PROJEKT:
Zoo am Meer

BAUHERR:
Städtische Grundstücksgesellschaft Bremerhaven mbH (Stägrund)

PROJEKTSTEUERUNG:
Stägrund
Archirekt Dipl.-Ing. S. Lückehe
Archirekt Dipl.-Ing. J. Früchtenicht

ARCHITEKTEN:
Herwig, Jaenisch und Wittig, Hannover

INVESTITION:
25,8 Millionen Euro

BAUBEGINN: 2001

FERTIGSTELLUNG: 2004

DIREKTORIN:
Dr. Heike Kück

BESUCHER:
Rund 270 000 im Jahr

Im Februar 1999 stellen die Wirtschaftsförderungsausschüsse des Landes die Mittel für den Neubau bereit. Genauso leistet die Stadt ihren Anteil. Ergänzend dazu baut sie neue Strukturen auf. Der Zoo, bis dahin noch als Amt 41 der Stadtverwaltung geführt, wird der Städtischen Grundstücksgesellschaft Bremerhaven mbH (Stägrund) übertragen. Sie tritt fortan als Bauherrin auf und gründet für den Betrieb des Zoos die Zoo am Meer Bremerhaven GmbH.

„Für den Zoo am Meer brauchten wir Köllmann nicht. Es war ein Selbstgänger, dass wir ihn schon aus Tierschutzgründen neu bauen mussten."

Michael Teiser,
Kämmerer und
Bürgermeister von Bremerhaven

Mit Ablauf des Jahres wird klar, dass der Ocean Park nicht wie geplant realisiert werden kann. Für den Neubau des Zoos gibt es in kluger Voraussicht allerdings auch schon Vorstellungen in der Form, dass die Einrichtung für sich allein existieren kann. Treibende Kräfte sind Geschäftsführer Christian Bruns und sein Prokurist Walter Buth.

Die glückliche Wende kommt für den kleinen Tierpark 2000 mit dem Büro Herwig, Jaenisch und Wittig aus Hannover. Beim Blick über den Deich entwickeln deren Architekten die Vision von einem Zoo ohne Gitter. Denn, so ihre Philosophie, ein Besucher, der ein Gehege und Absperrungen als solche erkennt, denkt mehr über Tierhaltung nach als über Tierverhalten.

Frackträger im Zoo: der Humboldtpinguin.

Statt klassischer Gehege sollen auf der 8600 Quadratmeter großen Fläche auf drei Ebenen Landschaften wie in Kanada, Feuerland, Sibirien oder Spitzbergen entstehen. Felsformationen und farbige Tundren, umgeben von Unterwasserwelten, an deren Scheiben Besucher Eisbären, aber auch Seelöwen, Pinguine und Basstölpel beim Schwimmen beobachten können.

Nach dem Motto „Weniger ist mehr" wird die Anzahl der Tierarten reduziert zu Gunsten der Arten, die mit viel mehr Platz gezeigt werden können. So versteht sich das Tier im Zoo als Botschafter seiner Art, aber auch seines ursprünglichen Lebensraums. Stark beeinflusst wird die Gestaltung von Dr. Heike Kück, die nach dem Wechsel von Dr. Rüdiger Wandrey in die Wingst 2001 neue Direktorin des Zoos wird.

Allein die Scheiben sind eine technische Herausforderung. Wie stark sie sein müssen, um Eisbären stand zu halten, ist nur bedingt aus den Erfahrungen anderer Zoos zu ermitteln. Ein 500 Kilogramm Gewicht, das mit Tempo 50 gegen die Scheibe schnellt, geht zu Bruch. Ein Eisbär ist eben kein kompakter Sack, vielmehr verteilt sich das Gewicht auf Knochen, Muskeln, Fett und Fell. Also wird kreativ eine Eisbären-Attrappe nachgebaut. Vorbild ist ein Wildschwein, wozu die neue Zoodirektorin Dr. Heike Kück als Jägerin nötige Angaben beisteuern kann. Unter wissenschaftlicher Begleitung der Technischen Universität München gelingt schließlich die Glas-Bewährungsprobe.

Ergebnis: Vier Scheiben von je 19 Millimeter Stärke sind notwendig, um das Wasserbecken bärensicher zu gestalten. Selbst wenn das größte Landraubtier der Erde Anlauf nehmen würde, die Scheiben halten Stand.

Seefahrer nennen ihn den „Jan van Gent": der Basstölpel (links); daneben genießt Eisbär Lloyd die Sonne.

Der Unterwasserwelt ganz nah: Nur durch Glasscheiben getrennt, beobachten die Zoobesucher die Tiere in ihrem Element.

Gefüllt sind die Becken mit 3,5 Millionen Liter Salzwasser. Eine neue Meerwasserfilteranlage – eine der leistungsfähigsten in ganz Europa – sorgt dafür, dass das Wasser einmal pro Stunde gefiltert wird. Ausgewechselt werden muss das Wasser im Bassin nur noch einmal im Jahr.

Wie die Technik entwickelt sich auch die Logistik während des Neubaus zur Herausforderung für alle Beteiligten. Denn die Tier bleiben im Zoo, während gebaut wird.

Dafür müssen die Schimpansen, während ihr Gehege neu errichtet wird, in einen umgebauten Kühlcontainer mit einer eigens dafür errichteten kleinen Außenanlage umziehen.

Der erste Bauabschnitt beginnt im Januar 2001 auf dem Erweiterungsgelände. Als er im November 2002 fertig gestellt ist, sind die Eisbären, Schimpansen, Polarfüchse und Robben die ersten, die in neue, naturnah gestaltete Gehege einziehen können.

DAS BIETET DER ZOO AM MEER:

ORT DER ERHOLUNG:
Vor natürlicher Meereskulisse erleben Besucher nordische und wasserbezogene Tierarten in großzügigen, naturnahen Anlagen. Das Besondere sind die Unterwasserwelten. Nur durch Glasscheiben getrennt, lassen sich Eisbären, Seelöwen, Seebären, Seehunde, Otter, Pinguine, Basstölpel und Enten in ihrem Element beobachten.

SPEZIELL FÜR KINDER:
Für sie gibt es Scheiben bis zum Boden, Extra-Schilder, Fühlkästen sowie Kaninchen und Meerschweinchen zum Kuscheln und einen Spielplatz.

ZOOSCHULE:
Die Zooschule unterstützt Kinder und Jugendliche bei Projektwochen, in Arbeitsgruppen und bei Wettbewerben wie „Jugend forscht".

INFORMATIONSZENTRUM FÜR NATUR- UND ARTENSCHUTZ:
In Zusammenarbeit mit Tierparks auf der ganzen Welt weist der Zoo am Meer auf vielfältige Weise auf die Bedrohung von Tierarten und ihre Lebensräume hin. Er beteiligt sich an internationalen Programmen, um mit Nachzuchten Tierarten zu erhalten, die von Ausrottung bedroht sind. Genauso bekämpft er die Ursachen der Bedrohung in freier Wildbahn, unter anderem über ein Schutzprogramm für Humboldtpinguine nahe der chilenischen Insel Isla de Chiloé.

DER ZOO ALS FORSCHUNGSZENTRUM:
Im Zoo wird Forschung in den Bereichen Tiergartenbiologie (Zoologie, Ökologie, Physiologie, Ethologie), Tiermedizin und Zooschulpädagogik betrieben. Als eine der forschenden Institutionen in der Stadt errang der Zoo den Titel „Bremen und Bremerhaven als Stadt der Wissenschaft 2005".

Andere Tiere, deren Gehege erst im zweiten Abschnitt an der Reihe sind, leben weiter in Übergangsquartieren. Die Pinguine in einem Séparée der Seebären, Pumas in der Außenanlage der Schimpansen und Basstölpel zu Gast in den Zoos von Rostock und Berlin.

„Die Tiere unter den Bedingungen der Bauzeit optimal zu pflegen und bei Laune zu halten und dann zur Eröffnung alle vollständig und in den richtigen Gehegen zu zeigen, war schon eine tierpflegerische und logistische Meisterleistung."

Dr. Heike Kück,
Direktorin im Zoo am Meer

Ab Januar 2003 wird der Rest der alten Zoogebäude abgerissen und der zweite Bauabschnitt beginnt. Monat für Monat erweitert sich der neue Lebensraum für 45 verschiedene Tierarten. Eisbären, drei Robbenarten, Otter, Humboldtpinguine und Basstölpel sind im Zoo sowohl an Land als auch unter Wasser zu sehen. Polarfüchse, Schneehasen und Schneeeulen bewegen sich in Tundren-Landschaften, der Puma zwischen kanadischen Felsformationen.

„Außer einem echten Eisberg haben wir alles hingekriegt."

Christian Bruns,
Geschäftsführer der
Städtischen Wohnungsgesellschaft
Bremerhaven mbH

Bei aller Spezialisierung auf nordische und wasserbezogene Tierarten, einige Ausnahmen gibt es dann doch: Schimpansen und Weißgesichtsseidenaffen. Mit ihnen umgezogen ist auch Fred, eine Köhler-Schildkröte, die ein Seemann vor mehr als 60 Jahren aus Südamerika vorbeibrachte und älteste Bewohnerin des Zoos ist. Selbstverständlich gehört dieser Veteran bei der Neueröffnung des Zoos am 27. März 2004 zur Stammbelegschaft.

In zwei Bauabschnitten entsteht neuer Lebensraum für 45 Tierarten (oben);

Immer wieder faszinierend zu beobachten: die Fütterung der Seelöwen, Seebären und Seehunde (links).

Nach der Eröffnung stehen die Bürger der Seestadt Schlange, um ihre „Tiergrotten" neu zu erkunden. Viele haben sich schon während der Bauphase an Besichtigungen beteiligt und sind umso gespannter auf das Endergebnis. Knapp 500 000 Besucher im ersten Jahr übertreffen die kühnsten Erwartungen. Zeitweise gehen an der Kasse die Jahreskarten aus.

Inzwischen pendelt sich die Zahl der Besucher wie prognostiziert auf rund 270 000 im Jahr ein. Der Zoo am Meer hat sich als erste neu gebaute Attraktion der *Havenwelten*, als Forschungs- und Bildungsstätte, aber vor allem als verlässlicher Tourismusfaktor der Stadt längst einen Namen gemacht. Mit dem Eisbären als Botschafter für das Thema Klimaerwärmung schlägt der Zoo treffend einen Bogen zum Klimahaus und dem Alfred-Wegener-Institut für Polar- und Meeresforschung. Damit wird der kleine, aber feine Zoo am Meer selbst zum Vorposten der Neuausrichtung in dieser Stadt.

„So wie der Eisbär immer schon als Flaggschifftier die Hauptrolle in den Tiergrotten und später im Zoo am Meer spielte, so steht er jetzt als lebendes Mahnmal für die Folgen der Klimaerwärmung. Könnte es eine noch wirksamere Klammer geben?"

Dr. Heike Kück ◆

DEUTSCHES AUSWANDERERHAUS

EUROPAWEIT EIN VORBILD – DAS DEUTSCHE AUSWANDERERHAUS GEHT UNTER DIE HAUT

Das Deutsche Auswandererhaus (DAH) ist die erste neue Attraktion, die in den *Havenwelten* eröffnet wird – und dies pünktlich am 8. August kurz vor Beginn der Sail 2005. Die Stadt und das generalplanende Architektur- und Designbüro Studio Andreas Heller haben es geschafft, das architektonisch markante und inhaltsreiche Juwel an der Columbusstraße in der Rekord-Bauzeit von einem Jahr aus dem Boden zu zaubern.

Ein Haus, das Wissen, Forschung und Entertainment optimal unter einem Dach vereint.

Dem Museum unter der Leitung von Dr. Simone Eick gelingt ein außergewöhnlich erfolgreicher Start. Die Fachwelt verleiht dem Deutschen Auswandererhaus den Titel „Europäisches Museum des Jahres 2007" (European Museum of the Year Award 2007).

Bremerhaven wird sozusagen „Oscar"-Gewinner unter den europäischen Museen.

Das hatten die wenigsten erwartet. Im Gegenteil: Über Jahrzehnte herrscht Skepsis bis hin zu totaler Ablehnung vor, wenn von einem Museum zum Thema Auswanderung und Migration in Bremerhaven die Rede ist. Ein solches Haus sei niemals wirtschaftlich zu betreiben und für Touristen nicht interessant genug, warnen die Kritiker.

Aufragende Schwingen kontrastieren mit der weichen Gebäudestruktur aus Sichtbeton und Holzlamellen.

Der ehemalige Bremerhavener Schulleiter Jürgen Rudloff sieht dies völlig anders. Er gründet schon 1985 zusammen mit 30 Profi- und Hobbyhistorikern den Förderverein Deutsches Auswandererhaus. Der Verein will im Alten Kraftwerk an der Kaiserschleuse ein nationales Museum zum Thema Emigration einrichten. Zusammen mit Studenten und Dozenten der Universität Bremen sammeln die Mitglieder dafür Briefe, Grafiken, Passagierlisten und Fotos aus der Zeit von 1830 bis 1974.

In der genannten Epoche verlassen mehr als sieben Millionen Menschen über Bremerhaven ihre Heimat. Das prägt die regionale Wirtschaft, die bauliche Entwicklung und auch das soziale Klima der Stadt. Um 1900 leben an der Wesermündung knapp 60 Prozent der Bevölkerung direkt oder indirekt vom Auswanderergeschäft. Es zählt für viele Jahrzehnte zum bedeutendsten Wirtschaftsfaktor in der Region.

Der Förderverein will Bremerhaven als ehemals wichtigsten europäischen Auswandererhafen mit einem Auswanderermuseum würdigen. 1990 knüpft er Verbindungen zum Museum Ellis Island, der ehemaligen Einwanderungsstation in New York. Schon ein Jahr später schließen sich die Partner im früheren Auswandererhaus an der Karlsburg – heute ein Teil der Hochschule Bremerhaven – einer skandinavischen Vereinigung von Migrationsforschern an, die sich in Bremerhaven unter dem Namen Association of European Migration Institutions (AEMI) gründet.

Das alte Kraftwerk erweist sich bald als zu klein für ein Museum. Als mögliche neue Standorte kommen der Columbusbahnhof, das ehemalige Auswandererhaus an der Hochschule und schließlich auch das Areal Alter/Neuer Hafen ins Gespräch.

In den weitreichenden Ocean-Park-Plänen ist ein Auswandererhaus allerdings nicht vorgesehen. Ein Manko, das der damalige Präsident der Industrie- und Handelskammer, Ingo Kramer, öffentlich kritisiert. Und trotzdem: Der Bremer Senat bleibt zunächst bei seiner ablehnenden Haltung.

Auch in Bremerhaven lassen sich die Befürworter eines Auswandererhauses lange Zeit an einer Hand abzählen. Bis der Herausgeber der NORDSEE-ZEITUNG, Dr. Joachim Ditzen-Blanke,

Wie in einer Filmkulisse: Auswanderer nehmen Abschied von der Heimat.

AUF EINEN BLICK:

BAUHERR:
Bremerhavener Entwicklungsgesellschaft Alter/Neuer Hafen mbH & Co. KG (BEAN)

PROJEKTTRÄGERSCHAFT:
Bremerhavener Gesellschaft für Investitionsförderung und Stadtentwicklung (BIS)

GENERALPLANUNG HOCHBAU:
Arge Auswandererhaus. Entwurf und Ausführungsplanung: Studio Andreas Heller GmbH; Statik: Schlaich, Bergermann und Partner SBP GmbH; Bauleitung: Kreitz Kopf + Partner

KONZEPT UND GENERALPLANUNG AUSSTELLUNG:
Studio Andreas Heller GmbH, Architekten, Designer

BETREIBER:
paysage house 1 – Gesellschaft für Kultur und Freizeit mbH & Co. KG

BAUVOLUMEN:
20,66 Millionen Euro
Gebäude: 11,16 Millionen;
Ausstellung: 9,5 Millionen

BAUBEGINN: Juli 2004

GRUNDSTEINLEGUNG:
6. Oktober 2004

ERÖFFNUNG: 8. August 2005

AUSGEZEICHNET: Europäisches Museum des Jahres 2007

Hier geht es hinauf zur Pier, um Abschied zu nehmen.

Auch die Kajüten der dritten Klasse an Deck der Auswandererschiffe werden im Verlauf der Jahrzehnte komfortabler.

das Wort ergreift und die Bemühungen um die Gründung einer „Erlebniswelt Auswanderung“ zum Wohle der Stadt strategisch und konzeptionell durchdacht angeht. Ditzen-Blanke aktiviert 18 weitere Unternehmen, gründet 1998 einen Initiativkreis unter dem Namen „Erlebniswelt Auswanderung“ und sorgt dafür, dass Bremerhaven fortan geschlossen mit einer Zunge um das Museum ringt.

Schon im Dezember 1998 wird der Initiativkreis als Verein eintragen. Außerdem holen die Mitstreiter den Projektentwickler Jürg E. Köllmann mit ins Boot. Er soll das Museum in die Ocean-Park-Planung integrieren. In unzähligen Gesprächen mit politischen Vertretern auf Landes- und Stadtebene argumentiert der Verein beharrlich pro „Erlebniswelt Auswanderung“ als authentische Touristenattraktion für Bremerhaven.

Die 18 Unternehmer investieren Zeit, aber auch Geld: In Berechnungen über wirtschaftliche Eckdaten, Finanzierungskonzepte und Erlösrechnungen,

„Wenn es heute das Deutsche Auswandererhaus gibt, dann ist dies maßgeblich dieser Initiative zu verdanken. Die Mitglieder haben so manche Sitzung gestürmt und zäh wie Riemenleder um ihr Projekt gekämpft“.

Prof. Dr. Frank Haller, damals Staatsrat im Wirtschaftsressort des Landes Bremen

in Architektenpläne und Zeichnungen. Ende April 1999 ist die Machbarkeitsstudie des Initiativkreises komplett. Ditzen-Blanke selbst trägt den mehrere Kilo schweren Aktenordner ins Stadthaus und übergibt ihn an Oberbürgermeister Jörg Schulz mit der klaren Aufforderung: „Nun machen Sie etwas Vernünftiges daraus.“

Und Schulz, ebenfalls einer der wenigen Fürsprecher des Projekts, setzt nach. Symbolisch dafür steht er bei der Grundsteinlegung des Deutschen Auswandererhauses am 6. Oktober 2004 spitzbübisch vor Ditzen-Blanke stramm, legt die Hand zum militärischen Gruß an die Stirn und sagt lachend: „Herr Dr. Ditzen-Blanke, ich melde Vollzug.“

Aber davor haben die Götter den Schweiß gesetzt. Was die Finanzierung betrifft, aber auch den Standort. In der Machbarkeitsstudie des Initiativkreises wird ein rund 30 Millionen Euro teurer Rundbau in Erweiterung des Deutschen Schiffahrtsmuseums avisiert. Die Idee ist, ein Ensemble aus Kultur, Geschichte, Themenpark und Erlebniswelt zu schaffen und mit dem Deutschen Schiffahrtsmuseum eine Verbindung einzugehen, die Synergieeffekte ermöglicht und den wissenschaftlichen Aspekt herausstellt.

Im Frühjahr 2000 sagt der damalige Bremer Wirtschaftssenator Josef Hattig die Finanzierung eines solchen Vorhabens zu. Nur wird zwingend ein privatwirtschaftlicher Betreiber gefordert, der die Stadt von allen Folgekosten freistellt. Auch darum kümmert sich der Initiativkreis. Er knüpft Kontakt mit der Wenzel Consulting AG, Hamburg, einer Beratungsfirma für Freizeiteinrichtungen.

Im Juni 2000 bekräftigt Wenzel Consulting seinen Entschluss, mit der Tochtergesellschaft „Erlebniswelt Auswanderung Bremerhaven GmbH“ das Haus privatwirtschaftlich führen zu wollen. Das Unternehmen will das Vorhaben innerhalb von zwei Jahren realisieren. Die Freizeitexperten prognostizieren 175 neue Arbeitsplätze und rund 175 000 Besucher pro Jahr. Dies unter anderem, weil allein in den USA schätzungsweise 60 Millionen Menschen leben, die ihre Herkunft auf deutschsprachige Einwanderer zurückführen. Ein riesiges Potenzial an Besuchern, die „back to the roots“ in einem Auswanderermuseum nach den Wurzeln ihrer Herkunft forschen können.

Filmankündigung am Eingang des Kinosaals: Auswanderer erzählen von ihren Erlebnissen.

Einen ersten Probelauf inszeniert der Initiativkreis, indem die Ausstellung „Abenteuer Spurensuche“ unter der Leitung des bremischen EXPO-Beauftragten Dr. Dirk Schröder in die Weltausstellung „Expo 2000“ integriert wird. Die Konzeption verantwortete Dr. Wolfgang Grams, die Gestaltung besorgte – nach einem internationalen Wettbewerb – die Studio Andreas Heller GmbH aus Hamburg. In einer Lagerhalle am Alten Hafen können Besucher exemplarisch sieben Auswandererbiographien nachvollziehen. Außerdem bereichert das Historische Museum die Ausstellung mit der Deutschen Auswandererdatenbank. Erst diese rund 100 000 Datensätze umfassende Sammlung ermöglicht dem Besucher die Suche nach Personen, die zwischen 1850 und 1907 über die Bremerhavener Kajen ausgewandert sind.

Und doch: Die Besucherzahlen bleiben hinter den Erwartungen zurück. Statt der erhofften 30 000 gehen nur rund 15 000 auf Spurensuche. Es mangelt am Marketing. So schließen sich mit der Expo die Tore am Alten Hafen wieder. Der Initiativkreis aber arbeitet engagiert weiter.

Ende 2000 kommt der Designer Jack Masey nach Bremerhaven. Er hat 1985 bis 1990 das amerikanische Einwanderungsmuseum Ellis Island entworfen. Nun arbeitet er in seinem renommierten New Yorker Designstudio Meta-Form ebenfalls mit an einem Konzept für die

Bangen und Hoffen begleiten die lange Reise übers Meer.

Forschen in der Genealogischen Datenbank: Hier können Besucher nach eigenen ausgewanderten Vorfahren recherchieren.

Bremerhavener „Erlebniswelt Auswanderung“.

Mit den Initiativen wachsen die Erwartungen an die Politik, endlich klare Entscheidungen pro Erlebniswelt zu treffen. Aber in den politischen Gremien wird weiter bezweifelt, dass ein solches Museum in der Seestadt wirtschaftlich überleben kann. Noch ist von einer Anbindung ans Deutsche Schiffahrtsmuseum die Rede.

Dieser Standort wird ab Anfang 2001 nicht mehr verfolgt: der Neue Hafen soll nun Heimat für die Erlebniswelt Auswanderung sein. Die Wenzel Consulting AG und die Studio Andreas Heller GmbH erhalten von der Stadt Bremerhaven den Auftrag, für diesen neuen Standort unmittelbar vor dem Zoo am Meer eine Machbarkeitsstudie zu erstellen. Intern wird die Studie am 12.09.2001 der projektleitenden BIS vorgestellt. Im Dezember 2001 präsentiert Jörg Schulz die Pläne der Öffentlichkeit. Von der Politik wird Anfang 2002 eine Zustimmung erwartet, damit der Bau im Sommer beginnen und das Haus im April 2004 eröffnet werden kann.

Am 14. März 2002 stimmen die Wirtschaftsförderungsausschüsse des Landes dafür, eine Million Euro Planungsmittel für die Themen Auswanderung und Migration bereit zu stellen. In einem europaweiten Wettbewerb kann sich das Planungsbüro Studio Andreas Heller gegen ca. 90 Büros

Jedes Schubfach enthält die persönliche Geschichte eines Auswanderers. Besuchern werden ausgesuchte Biografien über Kopfhörer erzählt.

durchsetzen und erhält den Generalplanungsauftrag.

An einen Baubeginn ist trotzdem noch nicht zu denken. Erst muss das Projekt konzeptionell in die Gesamtplanung Alter/Neuer Hafen integriert werden. Dann sind Kostenfragen zum Hochbau und zur Innenausstattung zu klären. Und schließlich gilt es, an einer optimalen Rechts- und Organisationsform zu feilen und die Betreiberkonzeption zu optimieren.

Im Mai 2003 bewilligen die Wirtschaftsförderungsausschüsse weitere Planungsmittel in Höhe von 1,8 Millionen Euro. Und statt des Standortes am Zoo wird auf Initiative des Oberbürgermeisters ein Standort an der Columbusstraße nahe dem historischen Seeamt favorisiert. Das Haus soll frühzeitig in den Blickwinkel der Besucher geraten, wenn sie die geplanten *Havenwelten* ansteuern.

Auf Initiative des Generalplaners Andreas Heller gründet die damalige private Betreibergesellschaft von Wenzel Consulting ein beratendes Kuratorium. Unter Vorsitz von Prof. Dr. Hermann Schäfer wird das von Heller vorgestellte Konzept in mehreren Sitzungen angeregt diskutiert und unter wissenschaftlicher Leitung von Dr. Simone Eick weiterentwickelt. Im November 2003 erhält das Konzept der „Erlebniswelt Auswanderung“ schließlich die notwendige Zustimmung. Damit scheint alles auf dem

Die Migrationsforschung erhält hier ihre Impulse.

richtigen Weg zu sein. Ende Januar 2004 steht der Betreibervertrag mit Wenzel Consulting vor dem Abschluss.

Aber es ist wie verhext: Im Februar folgt noch einmal ein Störfeuer. Die Senatsverwaltung des Landes stoppt das Projekt, weil die Besucherzahlen zu optimistisch und der Betreibervertrag zu riskant erscheinen. Sie fordert eine neue Vorlage. Das bringt den in Bremerhaven wohnenden Finanzsenator Dr. Ulrich Nußbaum auf den Plan. Er holt die Zweifler mit ins Boot und weiß auch letzte Vorbehalte aus dem Weg zu räumen: Mitte April 2004 segnet der Senat die Vorlage von Wirtschaftssenator Hartmut Perschau endgültig ab.

„Mit Oberbürgermeister Jörg Schulz hatten wir vor Ort einen Vorkämpfer für die Erlebniswelt an unserer Seite. Und der ehemalige Finanzsenator Ulrich Nussbaum und Wirtschaftssenator Perschau haben auf Landesebene den Weg frei gemacht."

Dr. Joachim Ditzen-Blanke

Die Freude über die Senatsentscheidung erhält im Sommer allerdings einen Dämpfer: Die Wenzel Consulting AG entschließt sich zu einer Kursänderung und verzichtet trotz intensiver Vorarbeit auf den Betrieb des Auswandererhauses.

In den *Havenwelten* halten die Akteure sprichwörtlich die Luft an. Bis der Architekt, Bühnenbildner und Designer Andreas Heller den kühnen Entschluss fasst: „Dann machen wir das." Er selbst, sein Geschäftspartner Bernhard Jacobsohn und ein nicht genannt werden wollender Hamburger Kaufmann gründen die Betreibergesellschaft.

Aus der „Erlebniswelt Auswanderung" wird das „Deutsche Auswandererhaus" um, so Heller, den Anspruch einer nationalen Institution zum Thema Migration gerecht zu werden.

„Es war ein Glücksfall für Bremerhaven, dass Andreas Heller den unternehmerischen Mut gezeigt hat, das Deutsche Auswandererhaus nicht nur vorbildlich zu entwerfen, sondern damit auch als Betreiber ins Risiko zu gehen. Er hat den Erfolg verdient."

Jürgen Adelmann, Geschäftsführer der BIS Bremerhaven.

Heller und sein Team hatten zu diesem Zeitpunkt längst eine emotionale Bindung zu dem Projekt entwickelt und „einfach Lust" auf die Herausforderung. Als Generalplaner und Betreiber hatten sie schon lange die Experten aller beteiligten Branchen gemeinsam an den Tisch geholt: Architekten, Fachplaner und Historiker, Industriedesigner und Musiker, Komponisten, IT-Experten und viele andere mehr.

In der Mitte des Büros steht bei diesen Konferenzen das Modell des Hauses. Für Heller und sein Team wirkt es wie ein Symbol für die Lebensgeschichten der Auswanderer. So soll auch jeder Besucher eine ausgesuchte Biographie erhalten und über Kopfhörer erfahren, warum Menschen ihre Heimat verlassen haben, was sie bei der oft beschwerlichen Überfahrt erlebten und was aus ihnen geworden ist.

Wie in einer Theaterkulisse werden Besucher lebensgroße Figuren in historischer Kleidung an einer Pier stehen sehen, die Geräusche im Hafen vernehmen und über eine knarrende Gangway an Bord des Schnelldampfers „Lahn“ gehen. Eben wie einst die Auswanderer – bereit zum Abschied und zu einem letzten Winken mit dem weißen Taschentuch.

Es ist dieses weiße Tuch auf einem Gemälde des späten 19. Jahrhunderts, das Andreas Heller bei der äußeren Gestaltung des Hauses inspiriert. Eine Geste, die Sinnbild ist für die Hoffnung, sich eines Tages wiederzusehen. Aufragende Schwingen an der Straßenseite des Gebäudes symbolisieren dieses Tuch, eingebettet in eine weiche Gebäudeform aus Sichtbeton und einem mit Holzlamellen beplankten Obergeschoss. Auf historisierende Elemente verzichtet das Studio Heller.

„Verliert Euch nicht in der Geschichte. Migration ist nicht Vergangenheit, sondern ein hoch aktuelles Thema.“

Andreas Heller, Generalplaner und Betreiber des Deutschen Auswandererhauses Bremerhaven

Die Außengastronomie am Speisesaal. Die Weltkugel symbolisiert: Migration bleibt überall aktuell.

Das Team arbeitet wie im Rausch. Beseelt von der Faszination des Themas und von der kreativen Herausforderung, die Erlebnisse der Auswanderer in eine Ausstellung zu übersetzen und emotional neu zu beleben.

DAS BIETET DAS DAH

DAUERAUSSTELLUNG:
Sie vermittelt die Geschichte der Auswanderung als Erlebnis der Sinne, ergänzt durch Fakten, Daten und Zahlen. Zur Kulisse gehören ein Segelschiff anno 1855, das Zwischendeck eines Dampfschiffesanno 1887 und das Zwischendeck eines Ocean-Liners anno 1929.

FORUM MIGRATION:
Hier stellt das Museum grafisch informativ die globalen Wanderungsbewegungen heraus, ebenso das Zusammenleben verschiedener Kulturen.

GENEALOGISCHE DATENBANKEN:
In dieser Abteilung können Besucher nach eigenen ausgewanderten Vorfahren recherchieren.

„KINDERMUSEUM“:
Kinder können sich in ein eigenes Abenteuer Auswanderung stürzen. Sie erfahren nachhaltig die Themen Abschied, Heimat und Neuanfang.

ELLIS ISLAND:
Auf der amerikanischen Einwanderungsinsel, auch „Insel der Tränen“ genannt, können Besucher selbst testen, ob sie 1907 hätten einreisen dürfen oder nicht.

SONDERAUSSTELLUNGEN:
Größere und kleinere in der ganzen Republik rezipierte Sonderausstellungen zeigen besondere Aspekte der Auswanderergeschichte und der aktuellen Migration. Fachtagungen, Lesungen und Konzerte vervollständigen das anspruchsvolle Programm des Deutschen Auswandererhauses.

DER „SPEISESAAL STEAK AND FISH“:
Im Restaurant wird der Gast mit norddeutscher Küche verwöhnt, aber auch mit amerikanischen Grillspezialitäten. Das Restaurant liegt im Foyer und hat unabhängig vom Besuch des Museums bis in den späten Abend geöffnet.

Es ist der 6. Oktober 2004, als an der Columbusstraße der Grundstein für die erste große Attraktion der neuen Havenwelten gelegt wird. Zu der gelungenen Feier trägt vor allem die 96-jährige Else Arnecke bei, die erste Zeitzeugin im Museum. Sie war 1929 mit der „Bremen" in die USA ausgewandert, lernte als Mitarbeiterin im berühmten Hotel „Waldorf Astoria" die Berühmtheiten dieser Welt kennen und kehrte im Alter in ihre Heimatstadt Bremerhaven zurück. Ihr US-amerikanischer Pass und die Einwanderungspapiere gehören zu den Dokumenten, die verschlossen in einer Metallhülle im Grundstein des Deutschen Auswandererhauses liegen.

Nach dem Festakt aber bleibt keine Zeit mehr für anrührende Momente. Das Haus muss bis zur Eröffnung der Sail 2005 fertig sein.

„Damit beginnt ein Parforce-Ritt."

Dr. Alfred Lüneburg, Geschäftsführer der Bremerhavener Entwicklungsgesellschaft Alter/Neuer Hafen, BEAN

Im April 2005 weht der Richtkranz über dem Bau. Danach geht es im Haus zu wie in einem Bienenstock. Noch 14 Tage vor der Eröffnung wühlen sich 350 Handwerker, Künstler und Planer mit Medientechnik und Mobiliar durchs Museum. Oberbürgermeister Jörg Schulz wird in den letzten Tagen vor der Eröffnung zwei bis drei Mal täglich auf der Baustelle gesehen, um Handwerker zu motivieren und ihnen bewusst zu machen, wie wichtig die Einhaltung des Eröffnungstermins ist.

Ausgezeichnet als „Europäisches Museum des Jahres 2007", genießt das Haus europaweit hohes Ansehen.

Und es klappt: Wie gewünscht pünktlich zur Sail, am 8. August 2005, geht für das Deutsche Auswandererhaus der Vorhang auf. Zum Festakt im Stadttheater kommt als Ehrengast der damalige Bundesinnenminister Otto Schily, und es treffen Glückwünsche sogar von US-Präsident George W. Bush und Leonardo Di Caprio ein. Der Filmstar („Titanic"), selbst Kind einer Auswandererfamilie, wünscht mit einem extra für die Eröffnung von dem berühmten Kameramann Michael Ballhaus gedrehten Film viel Erfolg.

Für Dr. Joachim Ditzen-Blanke und seinen Initiativkreis erfüllt sich mit der Eröffnung „eine Herzensangelegenheit." Und der Förderverein Deutsches Auswandererhaus – seit 2001 unter Vorsitz von Dr. Dieter Strohmeyer - ist froh, die in Jahrzehnten gesammelten Reichtümer endlich im Auswandererhaus präsentiert zu sehen.

Gleich im ersten Jahr kommen über 230 000 Besucher ins Museum und damit weit mehr als erwartet. Jeder vierte Gast ist zum ersten Mal in Bremerhaven. Der Tages- und Städtetourismus beginnt schon mit dem Deutschen Auswandererhaus deutlich zu wachsen.

„Andreas Heller ist punktgenau auf der Nahtstelle gelandet, die Bremerhaven braucht."

Hennig Goes, bis Ende 2008 Geschäftsführer der BIS Bremerhaven

Die Erfolge werden beim ersten Geburtstag 2006 groß gefeiert. Wie schon bei der Eröffnung gibt die Hamburger Band „Fettes Brot" vor dem Museum ein Konzert. 6500 Fans strecken begeistert die Hände zum Himmel.

Noch mehr bewegt Direktorin Dr. Simone Eick und Andreas Heller die Resonanz der täglichen Besucher, wenn sie den Rundgang durchs Haus beendet haben. Heller: „Was die Besucher hier empfinden, ist sehr berührend und für uns ein unglaublicher Lohn für unsere Arbeit."
Pro Jahr bewegen sich inzwischen rund 210 000 Besucher auf den Spuren der Auswanderer oder erleben eine der vielen Sonderausstellungen zu aktuellen Migrationsthemen. Mehr als 90 Prozent von ihnen kommen von außerhalb, rund 10 000 pro Jahr aus den USA. Ein Zeichen, dass die Entwicklung neuer touristischer Strukturen in Bremerhaven erfolgreich Wirkung zeigt. ◆

TOURISMUSZENTRUM HAFENINSEL

TOURISMUSZENTRUM HAFENINSEL – MODERNER SERVICE HINTER HISTORISCHEN MAUERN

Sie gehört zu den ältesten noch erhaltenen Gebäuden im Hafen: die 120 Jahre alte DEBEG-Halle an der Hauptzufahrt zu den Havenwelten. Doch so alt der rote Backsteinbau an der Hans-Heinrich-Meier-Straße auch ist, drinnen herrscht modernes Leben. Die Stadt hat die Historie saniert und mit einem Anbau aus Glas und Stahl zum neuen Tourismuszentrum „Hafeninsel“ erweitert.

Mit seinem historischen Kern bildet die frühere DEBEG-Halle einen architektonischen Kontra-Punkt zur futuristischen Form des Klimahauses. Der Norddeutsche Lloyd ließ das Gebäude 1880 als Proviantlager errichten und nutzte es später als Bettenlager für die Auswandererschiffe. Danach arbeitete dort die „Deutsche Betriebsgesellschaft für drahtlosen Funkverkehr (DEBEG)“.

Linke Seite: Schmucke Traditionsschiffe liegen an der neuen Steganlage nahe dem Deutschen Auswandererhaus – das schafft Atmosphäre.

Rechte Seite: Ein Ensemble aus rotem Backstein, Stahl und Glas: das Tourismuszentrum Hafeninsel.

Erste Planungen sehen vor, die alte DEBEG-Halle um einen Anbau im gleichen Stil zu ergänzen. Aber dann entschließt sich die Stadt, den neuen Trakt sauber vom historischen Original zu trennen. Auf den ersten Sanierungsplan für die DEBEG-Halle folgt somit ein zweiter speziell für die Erweiterung im modernen Stil.

Bei der Sanierung des historischen Gebäudes gehen Experten mit Ausdauer und Leidenschaft vor. Ziel ist, den ursprünglichen Zustand wieder herzustellen. Ein schwieriges Unterfangen: Erst muss die blassgelbe Kunststoffbeschichtung runter, dann gilt es, die Fugen zwischen rotem Backstein wie vor 120 Jahren mit Muschelkalk zu verfüllen.

„Es war eine Höllenarbeit, die alte DEBEG-Halle von der gelben Kunststoff-Farbe zu befreien. Aber ich finde, das Ergebnis kann sich sehen lassen.“

Diplom-Ingenieur Volkert Osterloh, Projektleiter der BIS

Zentrale Einrichtung im Erdgeschoss ist die Touristeninformation „Hafeninsel“. Ideal platziert an der Hauptzufahrt zu den *Havenwelten* und noch dazu direkt gegenüber dem Klimahaus, ist die Touri-Info Symbol für die Neuausrichtung der Stadt. Der Erfolg der ersten großen Sail 1986 war für den Urheber, den Bremerhaven-Werber und späteren Geschäftsführer der BIS, Hennig Goes, entscheidender Antrieb, die Stadt auf großen Messen verstärkt mit einem maritimen Image zu positionieren und den Städtetourismus konsequent auszubauen. Die Idee, einen Erlebnisbogen zu spannen von der Geschichte und Tradition der Industrie-

AUF EINEN BLICK:

PROJEKT:
Sanierung und Erweiterung der DEBEG-Halle zum Tourismuszentrum „Hafeninsel“

BAUHERR:
BIS Bremerhaven, Gesellschaft für Investitionsförderung und Stadtentwicklung mbH

PROJEKTSTEUERUNG:
BIS Bremerhaven, Gesellschaft für Investitionsförderung und Stadtentwicklung mbH

PLANER:
Dipl.-Ing. Dr. Olaf Vosshans;
für den Anbau:
Dipl.-Ing. Wolfgang Ehlers, Bremerhaven

FLÄCHE:
1200 Quadratmeter

INVESTITION:
2,1 Millionen Euro

BAUBEGINN: 2002

FERTIGSTELLUNG: 2004

Geschichte und Tradition der Hafenstadt werden mit der ehemaligen DEBEG-Halle lebendig, einem der ältesten Gebäude im Hafen.

und Hafenstadt bis hin zur maritimen Metropole an der Küste, entwickelte sich zu einer Erfolgsgeschichte.

Auch die Nutzer der DEBEG-Halle oder „Hafeninsel“, wie es im neuen Tourismusjargon heißt, prägen das maritime Image. Im Obergeschoss sind die Deutsche Stiftung Sail Training sowie das Büro Bremerhaven Werbung untergebracht. Zum Deich hin dockt mit Sonnenterrasse das Restaurant „Lloyds“ an. Wie ein Rahsegel haben die Architekten den Grundriss skizziert.

Das neue Dienstleistungszentrum für Tourismus, Marketing, Gastronomie und Shopping beherbergt

auch das Büro der Hafen-Rundfahrtreederei „HaRuFa Maritime Tourismus GmbH". Zugleich ist es erste Adresse der Schifffahrts-

Information, Service, moderne Gastronomie – auf der Hafeninsel werden die Gäste der Stadt gut bedient.

AUF EINEN BLICK:

PROJEKT:
Freiraumgestaltung Hafeninsel und Tribüne

BAUHERR:
Bremerhavener Entwicklungsgesellschaft Alter/Neuer Hafen mbH & Co. KG (BEAN)

PROJEKTSTEUERUNG:
BIS Bremerhaven, Gesellschaft für Investitionsförderung und Stadtentwicklung mbH

PLANER:
Arge Latz + Partner, Kranzberg/Latz-Riehl-Partner, Kassel

FLÄCHE:
0,7 Hektar

INVESTITION:
1,78 Millionen Euro

BAUBEGINN HAFENINSEL:
2003

BAUBEGINN TRIBÜNE:
2005

FERTIGSTELLUNG HAFENINSEL:
2004

FERTIGSTELLUNG TRIBÜNE:
2005

Compagnie und der Schiffergilde Bremerhaven. In den zum Wasser ausgerichteten Werkstätten werden die Traditionsschiffe gepflegt, die in ihrem ursprünglichen Zustand erhalten bleiben sollen. Besucher erleben hier mit, wie die Schiffbauer an Holz- und Stahlbauten feilen und tüfteln. Ihre Oldtimer liegen nur ein paar Schritte entfernt an einer neuen Steganlage im Neuen Hafen.

Rund um das historische Gebäude haben Steinmetze Granitsteine verlegt, die noch aus dem nahe gelegenen Hafen stammen. Das denkmalgeschützte Haus strahlt damit noch mehr Charme aus inmitten der modernen Architektur-Strukturen der *Havenwelten*.

Im östlichen Teil lohnt sich ein suchender Blick auf den Boden: Hier schmückt Pflaster der ehemaligen Bahntrasse ein kleines Areal und „parkt“ ein alter Güterwaggon des Vereins Museumsbahn Bremerhaven-Bad Bederkesa. Er erinnert daran, dass die beiden Hafenbecken einen direkten Eisenbahnanschluss hatten. In maritimen Festwochen wird er gern für Ausstellungen genutzt. Platz für kleine Veranstaltungen ist westlich der Hafeninsel. Dort ragt eine Tribüne empor, die gern besetzt wird, wenn auf Großleinwänden Fußballteams um Meisterpokale kämpfen. Schlagen Emotionen zu hoch, beruhigt ein Blick übers Wasser – der Weserdeich liegt ja gleich nebenan.

„Bremerhaven ist umgeben von einer Region mit 6 Millionen Übernachtungen. Es gilt, diese Touristen in die Stadt zu holen und all die Effekte, die damit für den Einzelhandel, die Gastronomie und alle anderen Dienstleistungen verbunden sind, zu nutzen.“

Volker Holm, Stadtbaurat ◆

Im abendlichen Spiel des Lichts entfaltet die Hafeninsel ihren ganzen Charme.

SCHLEUSE NEUER HAFEN

SCHLEUSE IM NEUEN HAFEN ERZEUGT WELLE DER BEGEISTERUNG

Deutschlands modernste Sportbootschleuse gehört wie die Kajen und die Marina zu den Grundbausteinen der Entwicklung am Alten und Neuen Hafen. Sie erst ermöglicht den wasserseitigen Zugang zur maritimen Erlebniswelt, dem neuen Tourismusresort *Havenwelten*: Durch die 14 Meter breite und 50 Meter lange Schleuse können Sportboote, Segelschiffe und gewerblich genutzte Schiffe weitgehend unabhängig von der Tide ein- und ausfahren.

In den Wirtschaftsförderungsausschüssen des Landes herrschen zunächst noch Zweifel vor, ob mit dem Geld aus dem Investitionsprogramm (ISP) nicht besser die Kaiserschleuse saniert werden müsste. Die Stadt Bremerhaven aber drängt auf eine Schleuse im Neuen Hafen. Das Tor zur Weser gehöre zwingend zur Infrastruktur der neuen Erlebniswelt dazu, ohne Schleuse und Marina bleibe der Neue Hafen seelenlos und leer.

Argumente, die überzeugen: 2003 wird der Baubeginn eingeleitet. Das Projekt gerät in mehrfacher Hinsicht zu einer außergewöhnlichen Herausforderung: Bei den Gründungsarbeiten darf es keine Erschütterungen geben. Sonst könnte der benachbarte, 1854 gebaute Simon-Loschen-Turm ins Wanken geraten. Also wird ein Institut für Dynamik in Hannover beauftragt, ein so genanntes Erschütterungsgutachten zu erarbeiten. Ergänzend dazu laufen die Untersuchungen zur Statik und zum Baugrund.

Im Ergebnis empfehlen die Ingenieure, die 18 Tonnen schweren Stahlbohlen für die Schleusenwand über ein Einphasen-Schlitzverfahren zu installieren. Dazu werden schmale Gräben ausgehoben und mit einem Gemisch aus Zement, Wasser und Bentonit verfüllt. Dieses Verfahren vermeidet Rammerschütterungen und gibt den bis zu 29 Meter langen Stahlbohlen,

Die Schleuse Neuer Hafen macht's möglich, dass die großen Windjammer weitgehend tideunabhängig in den Neuen Hafen einlaufen können.

Zwei Schmuckstücke: Der alte Simon-Loschen-Turm und die neue Schleuse. 50 Meter lang ist die Kammer zwischen Außen- und Binnenhaupt.

gewalzt in einem Luxemburger Hüttenwerk, die nötige Stabilität.

Eine weitere Herausforderung bildet die Schleusentechnik. Die beteiligten Firmen aus Bremerhaven, Bremen, Würzburg und Hamburg, die sich zur Arbeitsgemeinschaft Schleuse Neuer Hafen zusammengeschlossen haben, schlagen ein innovatives Verfahren vor, das in Deutschland bislang einmalig ist: Anstatt wie üblich den Schleusenbetrieb über Stemm- oder Schiebetore zu organisieren, sollen erstmals drehbare Sektor-Tore eingesetzt werden. Jeweils zwei bilden ein Tor. Ist die Schleuse geöffnet, sind sie in zwei seitlich angeordneten Kammern untergebracht. Wird die Schleuse geschlossen, werden sie im Viertelkreis um eine vertikale Achse herausgedreht. Die Sektor-Tore gleiten dabei auf einer Bahn aus extrem hartem finnischen Granit.

Der Vorteil der neuen Technik: Die Anlage ist leichter zu warten, verbraucht weniger Energie und vermag dem Wasserdruck, ob aus Richtung Weser oder Neuer Hafen, besser standzuhalten.

Technik zugeschnitten auf Tourismus: Das gläserne Gebäude erlaubt Einblicke in den Betrieb der Schleuse.

AUF EINEN BLICK:

PROJEKT:
Schleuse Neuer Hafen inkl. Schlepperpier

BAUHERR:
Bremerhavener Entwicklungsgesellschaft Alter/Neuer Hafen mbH & Co. KG (BEAN)

PROJEKTSTEUERUNG:
BIS Bremerhaven, Gesellschaft für Investitionsförderung und Stadtentwicklung mbH

BAUOBERLEITUNG:
bremenports GmbH & Co. KG

BAUAUSFÜHRUNG:
Arbeitsgemeinschaft Schleuse Neuer Hafen

SCHLEUSENMASSE:
14 Meter breit, 50 Meter lang

INVESTITION:
31,2 Millionen Euro

BAUBEGINN: 2003

INBETRIEBNAHME: 7. Juli 2005

BETREIBER: BEAN

Speziell die Deichsicherheit wird noch dadurch erhöht, dass am Außenhaupt gleich zwei Sektor-Paare eingebaut werden. Sollte es im extremen Fall einer Sturmflut einen technischen Defekt bei einem Paar geben, kann immer noch das zweite den Schutz gewähren, den die Stadt an der Wesermündung unbedingt braucht. Zudem bietet das westliche Doppeltor die Möglichkeit, bei Hochbetrieb die Schleusenkammer auf 60 Meter zu verlängern.

Während der Bauphase haben die Projektbetreuer der BIS Bremerhaven und die Bauleiter der Hafengesellschaft bremenports ihre Augen überall. Die Arbeiten müssen unter erschwerten Tidebedingungen und in Nachbarschaft des Loschen-Turms mit besonderer Umsicht über die Bühne gehen – und das bei wuchtigen Bauteilen in Häusergröße.

Jedes Segment für das Außenhaupt, das Schwimmkran „Enak“ millimetergenau in der Baugrube absetzt, ist 100 Tonnen schwer und sieht von der Form her aus wie ein Tortenstück. Das am östlichen Ende der Schleusenkammer gelegene Binnenhaupt ist deutlich kleiner und weniger gewichtig. Hier bringt es jedes Segment noch auf 65 Tonnen. Ob die Teile optimal schließen, testet die Bauleitung im April 2005. Vier

Einmalig in Deutschland: Sektor-Tore, von der Form her Tortenstücke, drehen sich im Viertelkreis um eine vertikale Achse und schließen so die Schleuse.

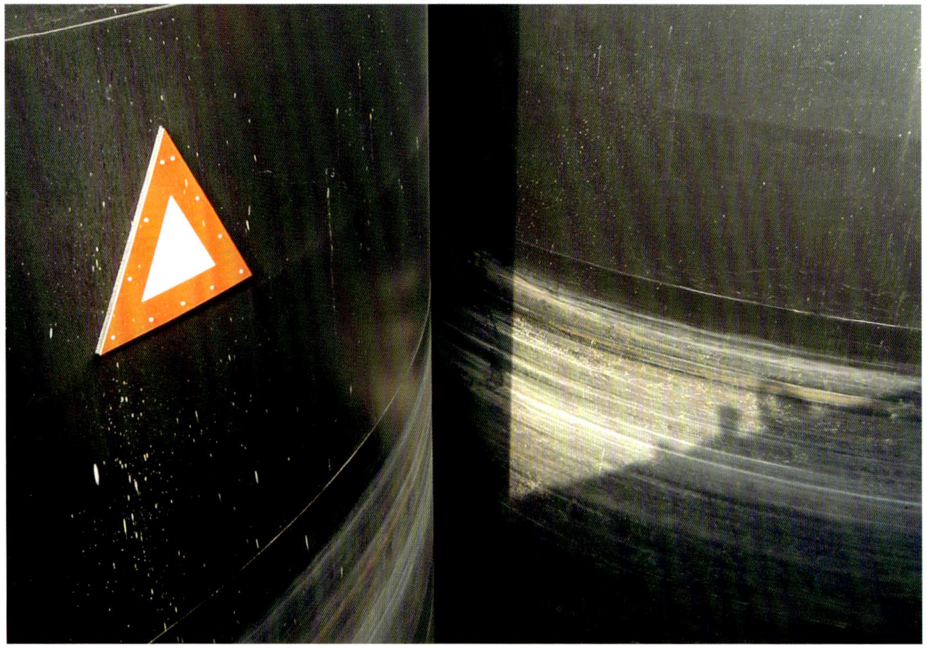

Meter hoch wird Wasser vor die Tore gepumpt, und wie erwartet – alle halten dicht.

Offiziell beginnt der Schleusenbetrieb am 7. Juli 2005 und damit rechtzeitig vor der „Sail“. Ein Klick am Computer reicht, um die Tore zu öffnen. Zum ersten Mal nach jahrzehntelanger Pause – bis 1937 hatte es eine Dockschleuse gegeben – können die Schiffe wie-

der direkt von der Weser in den Neuen Hafen einlaufen.

Nicht ganz einfach gestaltet sich der Umzug der Schlepper, die bis zum Bau der neuen Schleuse im Vorhafen neben dem Zoo festmachten. Für sie baut die BEAN eine neue Pontonanlage nördlich des Schleusen-Vorhafens – 6,35 Millionen Euro teuer. Aber es müssen erst zahlreiche technische Probleme gelöst werden, bevor der Betrieb reibungslos funktioniert.

Die Schleusentore hingegen laufen von Anfang an wie geschmiert.

Die Schlepper liegen heute an einer neuen Pier nördlich des Schleusen-Vorhafens (oben).
In der Schleuse geht es oft um Millimeter.

2008 werden bereits 5139 Schleusengänge für Motor- und Segelyachten sowie für die Traditionsschiffe registriert. Hinzu kommen 2419 Schleusengänge der Berufsschifffahrt, Tendenz steigend.

Das hatten nautische Experten in der Stadt nicht unbedingt erwartet. Mancher warnte gar vor einer Walzenbildung im Vorhafen. Bei ablau-

fend Wasser könnten Boote im kreisenden Sog kentern. Während eines Probelaufs am 10. Juni 2005, als der Dampfeisbrecher „Wal" die Schleuse passierte, waren Skeptiker deshalb schon ziemlich aufgeregt. Aber der Schleusenvorgang klappte schon da einwandfrei.

„Nur ganz selten hatten Segler in der Schleuse Probleme, und dann nur solche, wie sie immer mal passieren, wenn jemand mit seinem Schiff nicht so proper umgehen kann."

Hennig Goes, Ehrenvorsitzender der Schiffergilde Bremerhaven

Für den Tourismus entwickelt sich die Schleuse Neuer Hafen zu einer authentischen Attraktion. Auf dem Dach des Betriebsgebäudes, am Plateau vor dem Loschen-Turm und im Vorhafen am Schleusengarten locken schmucke Plätze, um die technischen Abläufe zu verfolgen. Viel Glas am Betriebsgebäude, das nach Plänen des Stadtbau-Architekten Wolfgang Ehlers gebaut wird, ermöglicht vielfältige Einblicke – und auch das ist bei Schleusen deutschlandweit einmalig.

„Als Landratte geht einem das Herz auf, wenn sich die Schleusentore öffnen und die Segelschiffe vorbeiziehen."

Hans Jaich, Juniorchef des Marina-Betreibers „Im Jaich" ◆

LLOYD-MARINA

LLOYD-MARINA VERBREITET MARITIMES FLAIR IN CITY-NÄHE

Die neue Sportbootschleuse am Simon-Loschen-Turm macht es möglich, wieder direkt von der Weser in den Neuen Hafen zu schippern. Festmachen und an Land gehen können Segler in der neuen Lloyd-Marina. Der Yachthafen und ein direkt an der Kaje liegendes Appartmenthotel, genannt Boardinghouse, gehören zu den privaten Investitionen in den neuen *Havenwelten* der Seestadt.

Havenwelten kompakt (von links): Hinten das Klimahaus, Bremerhaven Sail Ciy, die Schleuse und der Simon-Loschen-Turm, vorn das Boardinghouse an der Lloyd-Marina mit dem Bistro „Übersee".

AUF EINEN BLICK:

ATTRAKTION:
Lloyd-Marina im Neuen Hafen

BETREIBER:
„im jaich"

ANGEBOT:
120 Boxenliegeplätze für Boote von 8 bis 18 Metern mit Strom- und Wasseranschluss

ERÖFFNET:
4. April 2006

BOARDINGHOUSE:
36 Suiten und Appartements, Bistro „Übersee", Konferenzräume, Büro des Hafenmeisters

BETREIBER:
„im-jaich boardinghouse bremerhaven"

BAUBEGINN:
2006

FERTIGSTELLUNG:
2008

INVESTITION MARINA UND BOARDINGHOUSE:
rund 4,5 Millionen Euro

Entwicklung am Neuen Hafen vorangetrieben werden soll.

„Die meinen das ernst.“

Seniorchef Ingo Jaich zu seinem Sohn Hans

2005 sind die alten Gebäude, Schuppen und Hallen auf dem von der Stadt aufgekauften Gelände der Baufirma Rogge beseitigt und auch die Fahrtensegler und die Marinejugend, die im Neuen Hafen ihren Treffpunkt hatten, in den Fischereihafen umgezogen. Im Prinzip kann das Familienunternehmen damit beginnen, sein Konzept einer stadtnahen Marina in die Tat umzusetzen. Aber 2005 steht die große Sail an. Alle Kajen werden für die Windjammer gebraucht. Jaichs zeigen Verständnis und verschieben den Baubeginn auf das kommende Frühjahr.

Schwertransporter fahren im März 2006 die 20 Betonstege von jeweils zwölf Metern Länge von Lauterbach auf Rügen nach Bremerhaven zur neuen Marina. Die 15 Tonnen

Das Familienunternehmen „im-jaich“ investiert erstmals an der Nordsee

Das Familienunternehmen „im-jaich“ aus Kappeln an der Schlei ergreift dazu die Initiative. Seniorchef Ingo Jaich betreibt bereits sieben Yachthäfen an der Ostsee und lässt sich 2003 inspirieren, erstmals an der Nordsee zu investieren.

Zu dieser Zeit gleicht das Gelände westlich des Neuen Hafens noch einer Schlammwüste. Junior Hans Jaich, der das Projekt entwickeln und steuern soll, braucht viel Phantasie, um sich entlang der maroden Kajen eine moderne Marina mit Cityflair vorzustellen. Doch in den Verhandlungen mit der Stadt wird schnell klar, wie entschlossen die touristische

schweren Stege, ausgestattet mit Kunststoffkernen und einer Beplankung aus Holz, bieten zunächst 120 Booten bis zu einer Länge von 18 Metern Platz. 130 weitere Liegeplätze sollen bei Bedarf folgen, ebenso ein 60 Meter langer Steg ohne Ausleger für noch größere Yachten.

„Eine so gute Zusammenarbeit mit den Planungsverantwortlichen wie hier in Bremerhaven sind wir gar nicht gewohnt“.

Hans Jaich beim Richtfest des Boardinghouses im Januar 2007

Die erste Saison in der neuen Lloyd-Marina beginnt am 1. April 2006. Die Außenweser und die Deutsche Bucht gelten zwar als anspruchsvolles Tidenrevier, dennoch ist die Resonanz auf die Marina schon in der ersten Saison größer als erwartet. Dazu trägt wesentlich auch die neue Sportbootschleuse bei. Die Segler können die neue Marina täglich zwischen 6 und 22 Uhr ansteuern – und das unabhängig von der Tide.

Die neue Marina ist beliebt. Sie wird nach Bedarf erweitert, auch um einen Steg für Hausboote

Im Spiegelspiel der Sonne …

Die Nähe zur City mit den Attraktionen der Havenwelten sowie Service und Komfort sind die wesentlichen Standortfaktoren, mit denen der private Investor an der Nordsee überzeugen will. Dazu gehört für das Unternehmen auch das Boardinghouse, ein Hotel zum Wohnen auf Zeit für Segler, Geschäftsleute und Touristen. Im Juni 2006 wird dafür der Grundstein gelegt.

Der Bremerhavener Architekt Peter Weber hat das viergeschossige Gebäude im Stil eines alten Speicherhauses entworfen. Zum ersten Bauabschnitt gehören zwölf Suiten und sechs Apartments, das Büro des Hafenmeisters, Sanitärräume und das Bistro „Übersee“. Bei der Ausstattung wird Wert gelegt auf modernes Design und Exklusives. So entdeckt der Gast unter anderem im Bad einzelne, von einer Rügener Künstlerin originell bemalte Kacheln.

„Es macht Spaß, mit Jaichs zu arbeiten. Das sind keine Träumer, sondern bodenständige Unternehmer, die sich nur das vornehmen, was sie auch können. Die Marina ist ein enormer Gewinn für Bremerhaven.“

Hennig Goes

Auf die Eröffnung des ersten Bauabschnitts im Mai 2007 folgt bereits zur Lütten Sail 2008 die Erweiterung des Boardinghouses um 18 Suiten und Apartments sowie einen Multifunktionsraum für Tagungen, kleine Gesellschaften und familiäre Feste.

Das Ende der Fahnenstange ist für das Familienunternehmen noch nicht erreicht. Der private Investor kann sich ein weiteres Boardinghouse in abgewandelter Form in den Havenwelten vorstellen und auch einen Steg, an dem Hausboote festmachen. Nach Erfolgen in Lauterbach auf Rügen glauben Jaichs, auch an der Nordsee mit schwimmenden Ferienhäusern richtig zu liegen.

„Heute bin ich froh, ein Teil der Havenwelten zu sein. Die Stadt hat sehr unternehmerisch gehandelt. Überall wird auf Qualität geachtet. Hochachtung.“

Hans Jaich,
Betreiber der Lloyd-Marina ◆

BREMERHAVEN SAIL CITY – EINE NEUE LANDMARKE FÜR DIE SEESTADT

Die Lage Bremerhavens direkt an der Wesermündung ist spektakulär. Mit dem direkt am Deich gelegenen, 147 Meter hohen Hotel- und Bürokomplex „Bremerhaven Sail City" bietet die Stadt auch noch die schönsten Aussichten an der Nordseeküste. In Form eines aufgeblähten Segels hebt Architekt Thomas Klumpp das Gebäude markant von allen anderen Hochhäusern in der Region ab. Eine neue Landmarke für Bremerhaven – weithin sichtbar, unverwechselbar und geankert an historischer Stelle im Alten Hafen.

Als Bauherren treten die Unternehmer Zech und Linnemann auf, die schon mehrere erfolgreiche Hotels in der Stadt Bremen betreiben und sich gut vorstellen können, ein weiteres Hotel in Nachbarschaft der angestrebten großen Touristenattraktionen am Deich zu bauen. Die Stadt ist sehr interessiert, wünscht aber, dass für das Hotel, das Klimahaus und das Mediterraneo ein gemeinsames Parkhaus unter den Großprojekten gebaut wird. Fast drei Jahre lang feilen die beteiligten Unternehmen und die Stadt an einem Vertrag, der dies möglich macht. Auch öffentlich wird leidenschaftlich diskutiert.

Nach dem Grundsatz, die Stadt zum Wasser hin zu öffnen, sollen die zentralen Touristenattraktionen möglichst nah an den Deich heranreichen. Um den Hochwasserschutz zu sichern, gilt es, den Deich zwischen der Seebäderkaje und dem Wasserstandsanzeiger auf einer Länge von 800 Metern mit einer neuen Spundwand zu festigen. Die Stahlplanken würden dabei einen Meter hoch aus dem Schutzwall herausragen und damit genau bis zur geplanten künftigen Deichhöhe von 8,60 Meter über NN.

Das Dilemma: Für viele Bürger ist es schlichtweg tabu, am Weserdeich Hand anzulegen und die Struktur des Schutzwalls zu verändern. Einmal mehr versammeln sich die früheren Ocean-Park-Gegner. Bei einer Großveranstaltung in der Volkshochschule lassen sie ihrer Empörung freien Lauf.

„Wer küsst auf diesem Ding noch seine Freundin?"

Dr. Manfred Ernst
in einem Interview der
NORDSEE-ZEITUNG

Oberbürgermeister Jörg Schulz hält kräftig dagegen. Die Gebäude weiter vom Deich entfernt zu bauen, hieße, einen Graben zwischen Schutzwall und Erlebniswelt zu schaffen und auf das Schönste der *Havenwelten*, die direkte Verbindung zum Wasser, zu verzichten.

Zu Beginn einer Stadtverordnetensitzung erläutert Schulz per Dia-Demonstration, dass auch die Hafenpassage bereits in der geplanten künftigen Deichhöhe von 8,60 Metern gebaut werde. Und nur so lange der Schutzwall noch nicht entsprechend hoch aufgeschüttet sei, werde die Spundwand einen Meter aus dem Deich herausragen.

Im Juni 2005 wird damit begonnen, die Spundwand zu setzen. Ein halbes Jahr müssen die Bürger auf ihren Deichspaziergang zwischen Wasserstandsanzeiger und Strandhalle verzichten, dann ist der Deich zumindest auf einem Steg wieder passierbar.

„Wir sind künftig nicht mehr allein am Weserdeich. Wenn täglich 10 000 Besucher kommen, wie wir es wollen, sollten wir sie gastfreundlich empfangen und zeigen, dass sie beachtet werden. Es gilt, eine neue Mentalität in der Stadt zu wecken.“

Jörg Schulz,
Oberbürgermeister von Bremerhaven

Schwierig gestaltet sich die Finanzierung des Hotel- und Bürokomplexes

AUF EINEN BLICK:

BREMERHAVEN SAIL CITY:
Hotel- und Bürokomplex mit Conference Center, Aussichtsplattform und Parkdeck

BAUHERREN:
Zech Hotel Holding/
Linnemann Hotel Holding

GENERALUNTERNEHMER:
ARGE Sail City
Zechbau GmbH und
KAMÜ Bau GmbH, Bremen

PROJEKTBETREUUNG:
Zech-Immobilien GmbH

ARCHITEKTUR:
Klumpp Architekten und
Stadtplaner, Bremen

INVESTITION HOTEL- UND BÜROGEBÄUDE:
28,5 Millionen Euro

HOTELFLÄCHE:
9100 Quadratmeter

BÜROFLÄCHE:
8200 Quadratmeter

HÖHE:
Gebäude 100 Meter,
mit Antennenmast 147 Meter

Handwerker bringt die Schwindel erregende Höhe nicht ins Wanken.

Bremerhaven Sail City. Dabei erleichtert die öffentliche Hand die Finanzierung über die Bund-Länder-„Gemeinschaftsaufgabe zur Förderung der regionalen Wirtschaftsstruktur“. Nach intensiven Verhandlungen gelingt es dann aber doch, das 28,5-Millionen-Euro-Projekt Bremerhaven Sail City finanziell auf die Beine zu stellen.

Die Häfen in Bremen und Bremerhaven gehören zu den größten Logistikzentren in Europa und bilden den wichtigsten Arbeitgeber in der Region. Etwa 200 Spezialisten der Hafengesellschaft bremenports managen die beiden Standorte. Sie haben ihre Büros im Hotel- und Bürokomplex Bremerhaven Sail City in den Etagen 11 bis 17.
Die stadtbremische GmbH & Co. KG plant und begleitet ehrgeizige Ausbauprojekte wie Container-Terminal 4 und Kaiserschleuse und kümmert sich um die Wartung und Unterhaltung u. a. von Kajen, Schleusen, Brücken. Zudem garantieren die Fachleute von bremenports der Schifffahrt die erforderlichen Wassertiefen und sind für den Hochwasserschutz in Bremerhaven zuständig. Auch auf Messen im In- und Ausland rühren sie die Werbetrommel für die bremischen Häfen.

Als Betreiber des Hotels tritt die Bremer Atlantic-Gruppe auf. Sie möchte in Bremerhaven mit einem 200-Betten-Haus über sechs Etagen ihren fünften Standort entwickeln.

Weitere sieben Etagen will die Hafengesellschaft bremenports für ihre rund 200 Mitarbeiter mieten. Sie ist schon seit langem auf der Suche nach einem gemeinsamen Dach für die bislang verstreut in der Stadt arbeitenden Teams. Erleichtert wird ihr der Umzug dadurch, dass die Stadt ihre alten Standorte übernimmt und damit Erweiterungsflächen für das Alfred-Wegener-Institut für Polar- und Meeresforschung (AWI) anbieten kann.

Rund alle 14 Tage eine Etage: Bremerhaven Sail City wächst verblüffend schnell zum höchsten Gebäude der Stadt empor.

Für die Gestaltung des markanten Projekts wird der Bremer Architekt Thomas Klumpp gewonnen. Er nimmt die Entwicklung Bremerhavens und die Prägung der Stadt durch Großsegler auf und entwirft das Gebäude in einer dynamischen Kurvenform, die durch eine vorgesetzte Metallkonstruktion noch besonders unterstrichen wird. In der Gesamtansicht von Klimahaus und Hotel entsteht so für viele die Vision von einem Schiff mit aufgeblähtem Segel.

Allerdings erinnern die Konturen nicht nur an Bremerhavens Geschichte, sondern auch an das 7-Sterne-Quartier Burj al Arab in Dubai, mit 321 Metern das höchste Hotel der Welt. Ein Vergleich, der sehr unterschiedlich bewertet wird.

„Es ärgert mich, wenn das Hotel als Dubai-Turm bezeichnet wird. So als würde sich ausgerechnet die ärmste Stadt der Welt so einen Protzbau dahin stellen. Die Ähnlichkeit kann man ja nicht leugnen, aber ich kenne den Planer, der hat seine Ideen an der Vorstellung von einem aufgeblähten Spinnaker am Mast entwickelt. Und für den Planer in Dubai lag sicher eine ähnliche Metapher nahe.“

Dr. Henning Budelmann,
Leiter des Stadtplanungsamtes

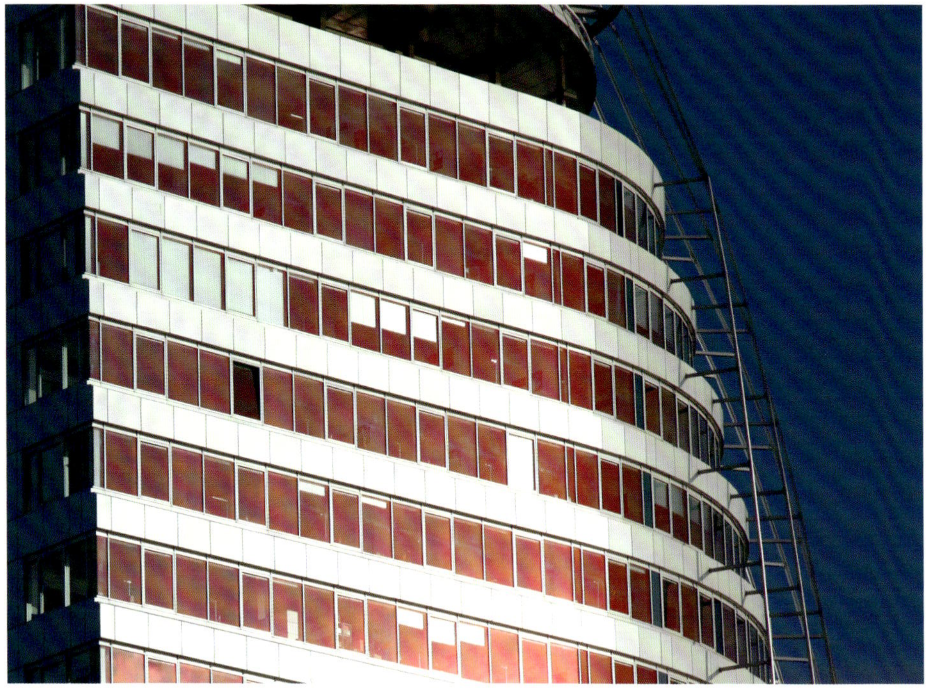

Das 4-Sterne-First-Class Atlantic Hotel Sail City behandelt den Vergleich mit Dubai souverän als kleine Marketing-Einlage. Nur einmal vermutet eine russische Delegation in Bremerhaven tatsächlich einen Ableger des Dubai-Hotels und verlangt wie im Burj al Arab nach je einem Butler pro Teilnehmer…

Bremerhaven Sail City – Impressionen zu unterschiedlichen Tages- und Nachtzeiten.

„Es ist doch schön, wenn Leute kommen, um Sail City mit Dubai zu vergleichen. Nur ehrlich, im Burj al Arab erreicht schon die Wasserfontäne die Höhe von Sail City. Na ja, die Preise sind ja auch geringfügig anders.“

Michael Teiser,
Bürgermeister in Bremerhaven

48,5 Millionen Euro fließen in den Gesamtkomplex Bremerhaven Sail City. Dazu gehören neben dem Hotel- und Bürohaus (28,5 Millionen Euro) das Parkhaus (16 Millionen Euro), eine Aussichtsplattform (2,5 Millionen Euro) und das in unmittelbarer Nachbarschaft integrierte Conference-Center (4 Millionen Euro).

Ursprünglich sollte der Hotel- und Bürokomplex 23 Geschosse umfassen, der Betreiber belässt es dann aber bei 20 Geschossen. Höchste Stelle ist jetzt die Spitze eines Antennenmastes in 147 Metern Höhe. Hotelgäste genießen die faszinierenden Ausblicke aus der Captains Lounge im 19. Stock. Hier reicht die Sicht weit auf die Nordsee hinaus, wandert der Blick über die Häfen der Stadt und in der Ferne über das niedersächsische Umland und die Flusslandschaft der Weser.

Auch alle 120 Zimmer, die drei Studios und eine Suite geben den prächtigen Blick aufs Wasser frei. Die Interior-Designer sind klug genug, auf Aquarelle an den Wänden zu verzichten und erkennen: Das schönste und größte Bild ist hier der Blick nach draußen.

Das Designbüro um Professor Detlef Rahe, der an der Hochschule für Künste in Bremen lehrt, und Professor Ulrike Rahe, Inhaberin des Lehrstuhls für Industrial Design

Das Atlantic Hotel Sail City nimmt die Farben der Umgebung auf. Gelbtöne spiegeln Sand und Sonne, Blautöne das Element Wasser wider.

in Göteborg, interpretieren auch farblich die Themen Wasser und Meer. Gelb, Orange und Beige vermitteln ein Bild von Sand und Sonne, Blau spiegelt in allen Tönen das Element Wasser wider – mal hellblau, mal schlammbraun oder dunkelgrau. In der Lobby im Erdgeschoss wird der Gast sogar vor einer mitternachtsblauen Wand empfangen. „So dunkel wie der Ozean tief", formuliert ein Journalist in der Presse.

Von der Lobby aus geht es ins Restaurant „Strom". Hier gibt es Gaumenfreuden inklusive schöner Aussichten zu genießen. Ans Erdgeschoss schließen sich in den oberen Etagen drei Tagungsräume und die Massage- und Wellness-Abteilung an. Darüber sind auf sechs Geschossen die 120 Einzel- und Doppelzimmer sowie die Studios verteilt.

Die sieben Etagen der Hafengesellschaft bremenports umfassen 5500 Quadratmeter Bürofläche. Dem Ankermieter sind inzwischen die Schiffs-Klassifizierungsgesellschaft Lloyd`s Register und eine Zahnarztpraxis in die oberen Stockwerke gefolgt.

Während der Bauzeit schießt das Hotel so schnell in die Höhe, dass viele Bürger nur noch staunen. Die rund 40 Handwerker schaffen im Schnitt alle 14 Tage eine Etage. Wie eine Zahnradbahn schraubt sich ihr Baufahrstuhl am nackten Hochhaus empor. Schwindelfrei müssen die Handwerker allemal sein. Oft liegt nur eine Metallstrebe zwischen den Laufstegen des Gerüsts und der Tiefe. Hinzu kommt scharfer Wind und an Wintertagen oft genug eisige Kälte.

Für die klassische Bauweise werden 2000 Tonnen Stahl angeliefert und 9000 Kubikmeter Beton aus dem Erdgeschoss nach oben gepumpt – so viel, wie 1100 Betonmischer-Fahrzeuge fassen. In der Fassade stecken 10 000 Quadratmeter Glas, eine Fläche so groß wie ein Fußballplatz. Und die 1000 Quadratmeter Dekostoff für die Zimmer sind so groß wie die Segelfläche der stählernen deutschen Bark „Alexander von Humboldt".

In der Endphase geht es geradezu chaotisch zu. Da werden zeitgleich Fliesen verlegt, Löcher in Decken gebohrt, Betten bezogen, Teppiche ausgerollt und erste Zimmer gereinigt, in die dann doch wieder Handwerker einziehen, um letzte Schrauben festzuziehen.

Ein Zitat aus der Seefahrt markiert die Wand neben der Rezeption. Von hier aus geht es direkt ins Restaurant „Strom“.

Die ersten Gäste „wohnen die letzten Handwerker raus“, weiß der Geschäftsführer der Atlantic-Hotels, Markus Griesenbeck, aus Erfahrung. Rund 80 Mitarbeiter sorgen am Standort Bremerhaven dafür, dass sich die Hotelgäste wohl fühlen. Auffallend viele reisen aus den Niederlanden an, manche aus den USA und aus England, oft aus Interesse an der boomenden Windkraftbranche. Auch die Bremerhavener selbst lieben es augenscheinlich, zu besonderen Anlässen Gutscheine für eine Übernachtung im Atlantic Hotel Sail City zu verschenken. Für Geschäftsführer Markus Griesenbeck ein Zei-

AUF EINEN BLICK:

PROJEKT:
Atlantic-Hotel Sail City

GRÖSSE:
120 Einzel- und Doppelzimmer,
3 Studios und 1 Suite;
insgesamt 200 Betten

RESTAURANT STROM:
92 Plätze

CAPTAINS LOUNGE:
im 19. Stockwerk,
150 Sitzplätze,
Stehempfänge für bis zu
199 Personen

TAGUNGEN:
2 Tagungsräume,
3 kleinere Studios

INTERIORDESIGN:
rahe + rahe, Bremen

INNENEINRICHTUNG:
Tombusch & Brumann, Ascheberg

GRÜNDUNG HOTEL:
April 2006

FERTIGSTELLUNG:
1. März 2008

chen, dass die Städter mit dem Hotel einverstanden sind – vielleicht sogar stolz darauf.

Die Betreiber rechneten zu Beginn der Planung mit einer Auslastung von rund 60 Prozent. Tatsächlich fällt sie mit 66 Prozent bislang höher aus. Das sind rund 50 000 Übernachtungen im Jahr, resultierend aus dem geschäftlichen Leben in der Stadt, den Tagungen im Conference Center und vor allem dem wachsenden Städtetourismus.

„Ein Hotel am Wasser wird in Bremerhaven gleich von vier attraktiven Einrichtungen umgeben. Das ist einzigartig.“

Markus Griesenbeck, Geschäftsführer der Atlantic-Hotel-Gruppe

Schiffbruch erleidet das Atlantic Hotel Sail City in der Anfangsphase nur mit der Dekoration an den Wänden. Ausgesuchte Funksprüche aus der Geschichte der Seefahrt sollen besondere maritime Akzente setzen. In der Rezeption wird an den Hilferuf der Titanic „Eisberg direkt voraus“ erinnert, in der 19. Etage an den letzten Funkspruch der sinkenden „Pamir“ mit „SOS, SOS, SOS – Schiff hat Wassereinbruch. Gefahr des Sinkens“.

Katastrophen für Dekorationszwecke zu nutzen, empfinden manche Gäste als unangemessen. Und der Kunde ist König. Die Betreiber nehmen Rücksicht, lassen die Funksprüche übermalen und ersetzen sie neutral. So heißt es jetzt in der Lobby „Navigare necesse est“ und im Restaurant „Ich wollte das Unmögliche“, ein Ausspruch der Weltumseglerin Ellen McArthur – und der passt nun ganz bestimmt zu den *Havenwelten*. ◆

DIE AUSSICHTSPLATTFORM

AUSSICHTSPLATTFORM ERÖFFNET EIN FASZINIERENDES BLICKFELD

Das Atlantic Hotel Sail City ist mit 147 Metern bis zur Antennenspitze das höchste Gebäude der Stadt. Wer auf die angedockte Aussichtsplattform möchte, benutzt an der Plaza den Fahrstuhl nach oben. Er hält in der 20. Etage und bildet den Zugang zur Plattform in 85 Metern Höhe.

Wer noch weiter will, steigt eine Treppe hinauf bis auf 92 Meter zum höchsten Plateau für Besucher. Hier haben 200 Menschen Platz. Beim Blick von oben wird deutlich, wie sehr sich mit dem Strukturwandel die Szenerie Bremerhavens verändert hat. Bei gutem Wetter erscheint die Seestadt abends auch noch im Licht der untergehenden Sonne. Das ist so unglaublich schön, dass Besucher dafür unten in der Eingangshalle an manchen Tagen Schlange stehen.

Während der Lütten Sail im August 2008 drängen mehr als 27 000 Menschen nach oben. An einzelnen Tagen sind es bis zu 4000 Besucher, die Bremerhaven sozusagen aufs Dach steigen.

Touristen lieben sie: die Aussichten von der Plattform am Hotel auf die Szenerie der Stadt.

Es gibt so viel zu sehen: die Festmeile bis zur Marina, dahinter der Beginn der Überseehäfen, die Strandhalle mit ihrem markanten Turm, die Felslandschaften im Zoo am Meer, die Schlepperpier und noch viel mehr …

AUF EINEN BLICK:

PROJEKT:
Aussichtsplattform Sail City

PLATTFORM:
85 Meter hoch

SCHIFFSBRÜCKE:
frei tragendes, über eine Außentreppe erreichbares Plateau in 92 Metern Höhe

BAUHERR:
Bremerhavener Entwicklungsgesellschaft Alter/Neuer Hafen mbH & Co. KG (BEAN)

BETREIBER:
Hotelbetriebsgesellschaft Atlantic Sail City

INVESTITION:
2,6 Millionen Euro

BAUBEGINN:
2007

ERÖFFNUNG:
Mai 2008

Der Eiffelturm von Paris ist ein Muss für Touristen. Die Aussichtsplattform am Atlantic Hotel Sail City in Bremerhaven offensichtlich auch. Nur hat kaum jemand damit gerechnet. Vorausgesagt wurden 30 000 Besucher pro Jahr. Tatsächlich kommen gleich im ersten Jahr 150 000. So faszinierend sind die Aussichten auf diese Stadt …

„Ich hätte es nicht für möglich gehalten, dass die Aussichtsplattform so gut ankommt. Diese großartige Resonanz hat uns alle überrascht."

Dr. Alfred Lüneburg ◆

CONFERENCE CENTER BIETET RAUM FÜR NEUE PERSPEKTIVEN

Veranstalter großer Kongresse kamen in der Vergangenheit in Bremerhaven nicht zurecht. In Zukunft hat die Stadt nun ein eigenes „Conference Center" in Sail City anzubieten.

Im Atlantic-Hotel selbst ist in vier großen und drei kleinen Sälen Platz für Tagungen mit bis zu 300 Personen. Noch größere Kongresse können sich im direkt angegliederten „Conference Center" ausbreiten. Der Bedarf ist vorhanden und wächst. Mit dem Alfred-Wegener-Institut für Polar- und Meeresforschung, der Hafen- und Lebensmittelwirtschaft, der Windkraftbranche und den *Havenwelten* mit ihren Forschungseinrichtungen in den Bereichen Klima, Migration, Schifffahrt und Zoologie haben sich Institutionen am Standort Bremerhaven niedergelassen, die Experten aus aller Welt anziehen.

Mit dem neuen „Conference Center" werden Kongress-Veranstaltern sechs Säle angeboten, die bis zu 540 Personen Platz bieten und technisch hochklassig ausgestattet sind. Zwei

große Säle mit einer Grundfläche von jeweils mehr als 200 Quadratmetern und einer Raumhöhe von fünf Metern eignen sich für zentrale Veranstaltungen und bieten mit hohen Fensterfronten und ihrer weiten Sicht aufs Wasser viel Raum für visionäre Perspektiven. Das Foyer erreicht sogar sieben Meter Höhe.

Jetzt tanzt der Kongress auch in Bremerhaven: Im Conference Center ist Platz für mehr als 500 Teilnehmer.

Alle Räume verfügen über viel Tageslicht, sind vollklimatisiert, barrierefrei zugänglich und einige sogar Kfz-befahrbar. Drahtloser Internetzugang, Beamer und Leinwand gehören in allen Räumen zum Standard.

Natürlich darf im „Conference Center“ auch getanzt werden. Für

Hohe Fensterfronten
bieten viel Licht für kühne Visionen.

AUF EINEN BLICK:

CONFERENCE CENTER:
6 Veranstaltungsräume,
zwei Foyers;
Kapazitäten für 540 Personen

INVESTOR:
Grundstücksgesellschaft
Alter Hafen mbH,
Gesellschafter:
Linnemann Hotel Holding und
Zech Hotel Holding

BETREIBER:
Hotelbetriebsgesellschaft
Atlantic Hotel Sail City

INVESTITION:
4 Millionen Euro,
davon 3 Millionen privat

BAUBEGINN:
Dezember 2007

ERÖFFNUNG:
August 2008

Festlichkeiten lassen sich die großen Räume zu einem Ballsaal von 420 Quadratmetern verbinden. Die Tanzfläche ist bereits integriert und die Gastronomie des Restaurants „Strom" nebenan.

Die Hotelinvestoren Zech und Linnemann hatten das Grundstück neben dem Hochhaus gleich mitgekauft. Sie sind wie die Spitze des Magistrats überzeugt, dass Bremerhaven ein geeigneter Standort für Kongresse ist. Anfangsverluste sollen finanziell gemeinsam getragen werden. Nach harten Diskussionen segnet die Stadtverordnetenversammlung das Vorhaben ab. Möglich wird der Bau des „Conference Centers" über eine Öffentlich-Private-Partnerschaft (ÖPP).

„Ich war mit Jörg Schulz immer einig: Bremerhaven braucht ein Kongresszentrum, das gleich in den Hotelkomplex integriert wird."

Michael Teiser,
Bürgermeister von Bremerhaven

Die Betreiber rechnen damit, dass jährlich mehr als 25 000 Gäste das „Conference Center" nutzen. Nach Berechnungen von Experten sind damit rund 16 000 Übernachtungen und ein Umsatz von 2,4 Millionen Euro in der Stadt möglich.

Den Auftakt im neuen „Conference-Center" bildet treffend zu der Neuausrichtung der Stadt ein Tourismus-Gipfel. Ihm folgen gleich in den ersten Monaten eine Mathe-Olympiade, ein Windenergie-Kongress, der Deutsche Fischereitag und eine Konferenz der deutschen Innenminister.

Was Bremerhaven als Kongress-Stadt einzigartig und für Angehörige von Tagungsteilnehmern besonders interessant macht, sind die fußläufig zu erreichenden Attraktionen in der Umgebung. An Abwechslung mangelt es weder in den *Havenwelten* noch in der City mit seinen Angeboten an Theater, Kino und Kunst. ◆

Die Konferenz muss ja nicht bis tief in die Nacht andauern. Abendliche Unterhaltung bieten Theater, Kino und Lokale ganz in der Nähe.

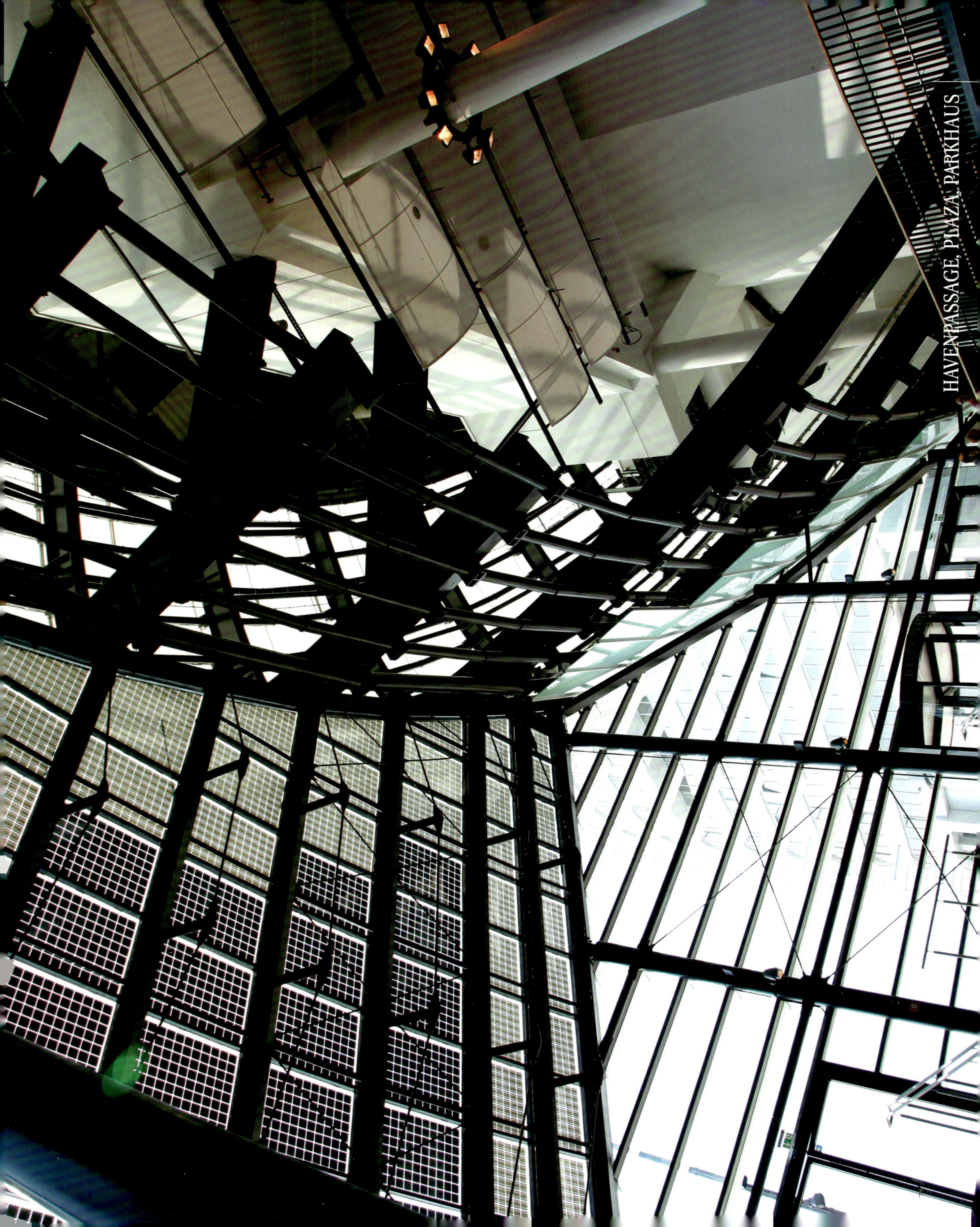

HAVENPASSAGE, PLAZA, PARKHAUS

HAVENPASSAGE GIBT DIE RICHTUNG AN BIS PLAZA, PARKHAUS UND MEER …

Tausende von Menschen flanieren Tag für Tag durch die Havenpassage. Sie ist der zentrale Verbindungsweg zwischen der Innenstadt und der neuen Welt am Meer. Das lebendige Hin und Her zeugt davon, wie oft und gern sie genutzt wird.

Genau so wollten es die Stadtplaner haben. In ihren Entwürfen markierten sie die Havenpassage als eine fast gerade Linie. Sie beginnt an der Großen Kirche und führt im Columbus-Center zunächst am Kaufhaus Karstadt entlang bis zur Glasbrücke. Von dort geht es durch die spektakuläre Röhre zur Plaza, dem zentralen Platz zwischen den drei großen Attraktionen Klimahaus, Mediterraneo und Bremerhaven Sail City.

Unter dem Dach der Plaza – eine gelungene architektonische Synthese zwischen zwei unterschiedlichen Baukörpern – plätschert ein kleiner Wasserfall des Künstlers Johannes Trieb, laden Treppenstufen als breite Tribüne zur kleinen Pause ein und kümmert sich das Team der Touristen-Information um die Besucher der Havenwelten.

Wer über die Glasbrücke die Plaza erreicht, hat die Wahl, treppab zum Klimahaus oder zum Eingang der Shoppingmeile zu gelangen oder weiter geradeaus quer über die Plaza die Ausgänge Richtung Hotel, Aussichtsplattform und Deich anzusteuern.

Die Plaza im Zentrum der Havenwelten: Von hier aus geht es ins Mediterraneo (rechts), über Rolltreppen zur Glasbrücke und ins Columbus-Center, zum Klimahaus (links), hinunter ins Parkhaus oder hinaus auf den Deich und zum Hotel.

AUF EINEN BLICK:

PROJEKT: Plaza

BAUHERR: Bremerhavener Entwicklungsgesellschaft Alter/Neuer Hafen mbH & Co. KG (BEAN)

PROJEKTLEITUNG: Städtische Wohnungsgesellschaft Bremerhaven

INVESTITION: 8,5 Millionen Euro

BAUBEGINN: Juni 2006

FERTIGSTELLUNG: August 2007

Immer gerade aus führt die Havenpassage hinaus und ans Wasser, treppab zum Klimahaus und zur Shopping-Mall.

Optimal ließe sich die Havenpassage als Seebrücke verlängern. Dann könnten Besucher das Panorama der Stadt auch vom Wasser aus ins Blickfeld rücken. Eine Vision für die Zukunft …

Von der Plaza geht es auch hinunter zum neuen Parkhaus, das 1,40 Meter unter Straßenniveau und direkt unter

Bequem für Autofahrer: Direkt unter den Hauptattraktionen liegt das Parkdeck mit mehr als 1000 Plätzen.

Treppauf, treppab – die Plaza bietet Orientierung.

den zentralen Touristenattraktionen entstanden ist. 1140 Autos haben hier Platz. Die Zechbau GmbH investierte in 640 Parkplätze unterhalb des Hotels und Klimahauses, die Albrecht Immobilien AG in weitere 500 Parkplätze unter dem Einkaufszentrum Mediterraneo.

Obwohl privat gebaut, wird es von der Städtischen Parkgesellschaft (StäPark) betrieben. Sie hat die Anlage gepachtet, erhebt die Entgelte und übernimmt die Tiefgarage nach 25 Jahren ins Eigentum. Fest gelegt ist dies in einem immerhin 32 Seiten umfassenden Vertragswerk.

Gute Noten gibt es für die Verkehrslenkung in den Havenwelten. Vor der Eröffnung der neuen Attraktionen steuerten rund 15 000 Autos die über-

AUF EINEN BLICK:

PROJEKT: Parkdeck Nord	PROJEKT: Parkdeck Süd
BAUHERR: Grundstücksgesellschaft Alter Hafen mbH	BAUHERR: AVW Vermögensverwaltungs- gesellschaft mbH & Co. KG
BAUAUSFÜHRUNG: Arge Zechbau/Kamü	BAUAUSFÜHRUNG: Arge Zechbau/Kamü/Kathmann
INVESTITON: 16 Millionen Euro	INVESTITON: 13,3 Millionen Euro
BETREIBER: Städtische Parkgesellschaft (StäPark)	BETREIBER: Städtische Parkgesellschaft (StäPark)
ZAHL DER PLÄTZE: 640	ZAHL DER PLÄTZE: 500
BAUBEGINN: Juni 2005	BAUBEGINN: 2006
FERTIGSTELLUNG: Juni 2006	FERTIGSTELLUNG: Dezember 2006

Von der Plaza bis zum Parkdeck entstehen immer neue Blickwinkel in Architektur und Design.

dachten Stellflächen in der City an, mit der Eröffnung des Klimahauses hat sich die Zahl verdoppelt. Trotzdem sind Staus ausgeblieben und klappt die Versorgung augenscheinlich auch ohne Park-and-Ride-Plätze und Sonderbusse.

„Die Ampelschaltung an der Keilstraße ist auf die Schrankentaktur des Parkhauses unter dem Klimahaus und Mediterraneo abgestimmt. So ist ein reibungsloser Abfluss des Verkehrs gewährleistet.“

Christian Bruns, Geschäftsführer der StäPark

Insgesamt stehen den Besuchern in der Innenstadt jetzt 4100 Stellplätze zur Verfügung. Allein in den Parkhäusern bewirtschaftet die StäPark 2400 Stellplätze. Hinweisschilder an den Hauptzufahrtsstraßen verweisen auf die zentralen Parkplätze und zeigen die Zahl der noch freien Boxen an. Ab und an meldet der Verkehrsfunk allerdings auch „Die Parkhäuser in der Innenstadt sind belegt“ – Durchsagen, an die sich die Bremerhavener erst noch gewöhnen müssen.

Laut ursprünglicher Konzeption ist vorgesehen, mit der Entwicklung der Havenwelten das Angebot an Stellplätzen noch weiter auszubauen. Danach ist an der Barkhausenstraße ein zusätzliches Parkhaus und an der Hexenbrücke nahe der Autobahn eine Park-and-Ride-Anlage mit je 700 Stellplätzen geplant. Vorhaben, zu denen aber noch keine endgültigen Entscheidungen vorliegen. ◆

3
4
5

DREHBRÜCKE AUS GLAS UND STAHL VERBINDET HAVENWELTEN UND COLUMBUS-CENTER

Die Technik fasziniert und funktioniert: die kolossale Mittelsektion der Brücke lässt sich um 90 Grad drehen.

Sie ist eine Attraktion für sich: Die 103 Meter lange gläserne Brücke zwischen dem Columbus-Center und den *Havenwelten* lenkt mit außergewöhnlicher Architektur die Aufmerksamkeit auf sich. Der Hamburger Architekt Ekkehard Voss entwarf eine kühne Konstruktion aus Stahl und Glas, die Baufirmen bis an die Grenzen des Machbaren führt.

So filigran die Konstruktion wirkt, sie hat ihr Gewicht: In den drei Brückensektionen stecken 400 Tonnen Stahl und 70 Tonnen Glas. Mehrere Stützpfeiler geben dem gläsernen Tunnel Halt. Allen voran der Pylon, der aus dem Hafenbecken hochragt. Er hält das drehbare, 44 Meter lange Mittelstück der Brücke. In seinem Innern lagern der Motor und die Hydraulik für einen Drehmechanismus, der es möglich macht, den Mittelteil um 90 Grad zu wenden und damit Platz zu schaffen für passierende Schiffe aus dem Museumshafen. In Bewegung gesetzt wird die 190 Tonnen schwere Mittelsektion, die schon mit Ponton und Schwimmkran verholt werden musste, am Steuerstand der Klappbrücke an der Keilstraße. Aber bis sich die Brücke im Sommer 2009 wirklich dreht, sind Herausforderungen zu meistern, die allen Beteiligten den Schweiß auf die Stirn treiben.

Mängel an den Schweißnähten führen dazu, dass die erste Sektion komplett erneuert werden muss. Dann passen die Glasscheiben nicht genau. Die Toleranzgrenze liegt nur bei drei bis fünf Millimeter. Jede einzelne ist 200 Kilo schwer, dreieinhalb Meter lang und aus 25 Millimeter starkem Verbundsicherheitsglas gefertigt. Sie fallen total aus der Norm und werden deshalb von der obersten Bauaufsicht in Bremen Stück für Stück geprüft.

Nicht einfacher werden die Probleme mit der Insolvenz des Generalunternehmers, der zugleich für die Drehtechnik, die Verglasung und den Eingang zur Glasbrücke zuständig ist. In Folge entstehen zusätzliche Kosten und Verspätungen.

Eine Attraktion für sich: der Bau der 103 Meter langen Drehbrücke für Fußgänger zwischen den Havenwelten und dem Columbus-Center. Für Museumsschiffe, die den Alten Hafen verlassen, wird sie ferngesteuert gedreht und der Wasserweg geöffnet.

AUF EINEN BLICK:

PROJEKT:
Drehbrücke

BAUHERR:
Bremerhavener Entwicklungsgesellschaft Alter/Neuer Hafen mbH & Co. KG (BEAN)

PROJEKTSTEUERUNG:
BIS Bremerhaven, Gesellschaft für Investitionsförderung und Stadtentwicklung

PLANER:
WTM Engineers, Hamburg

AUSMASSE:
103 Meter lang, 6 Meter hoch

INVESTITION:
11,6 Millionen Euro

BAUBEGINN:
März 2008

ERÖFFNUNG:
9. Oktober 2008

Zur Lütten Sail 2008 ist die Brücke nicht fertig. Erst mit der Eröffnung des Mediterraneos am 9. Oktober 2008 ist das Prestigeobjekt der Havenwelten erstmals passierbar. Als gäbe es auf der Plaza plötzlich Gold zu entdecken, strömen Tausende über die Glasbrücke und sind begeistert von der schicken Röhre zwischen ihrem Columbus-Center und den neuen Havenwelten.

„Die Einweihung der Glasbrücke war mein größtes Erlebnis. Ich habe immer gewusst, sie muss die Innenstadt mit dem Wasser verbinden und eine Attraktion für sich sein. Das ist geglückt.“

Henning Budelmann,
Leiter des Stadtplanungsamtes

Mit der Eröffnung ist das Werk allerdings noch nicht ganz vollendet. Der Drehmechanismus funktioniert noch nicht. Dabei warten die Eigner der Museumsschiffe im Alten Hafen sehnsüchtig darauf. Das U-Boot „Wilhelm Bauer“ soll zur Überholung ins Dock, genauso das Feuerschiff „Elbe 3“ und der Bergungsschlepper „Seefalke“. Das ist erst möglich, wenn die Drehbrücke den Weg auch tatsächlich freigibt.

Ab Frühjahr 2009 werden die restlichen Arbeiten bewältigt. Die Lauffläche wird mit einem rötlichen Belag versehen und mit Quarzsand versiegelt, der Drehfuß der Brücke fachgerecht stabilisiert. Ende gut, alles gut: In den Abendstunden des 3. Juli wird am Steuerstand an der Keilstraße

Im Columbus-Center geht es auf der Havenpassage an einem neuen Schnellrestaurant vorbei zur Glasbrücke und den neuen Havenwelten.

AUF EINEN BLICK:

PROJEKT:
Anschlussbauwerk
an das Columbus-Center

BAUHERR:
Städtische Wohnungsgesellschaft
Bremerhaven mbH (StäWoG)

PROJEKTSTEUERUNG:
BIS Bremerhaven, Gesellschaft
für Investitionsförderung und
Stadtentwicklung mbH

ARCHITEKTEN:
Wiedenroth & Siebert
(Anschlussbauwerk Karstadt)

INVESTITION:
1,9 Millionen Euro

BAUBEGINN:
Frühjahr 2007

FERTIGSTELLUNG:
Sommer 2009

Das hat doch etwas: die Menschen flanieren zwischen den Einkaufswelten am Meer wie auf einem roten Teppich.

auf den Knopf gedrückt und die ganze Anspannung löst sich: Das 190 Tonnen schwere Mittelteil der Brücke dreht sich gleich beim ersten heimlichen Test – die Technik funktioniert.

Ans Columbus-Center dockt die Glasbrücke über ein wellenförmig geschwungenes Entree an. Integriert ist ein 400 Quadratmeter großes Schnellrestaurant, von dem aus die Gäste den Blick über den Alten Hafen aufs Klimahaus und das Mediterraneo genießen können. Der Bau des Anschlussbauwerks ist der größte Eingriff ins Columbus-Center seit seinem Bestehen. Die Firmen müssen erst 400 Tonnen Beton abbrechen, bevor sie überhaupt Platz haben für die neue Konstruktion.

Zutritt zur gläsernen Brücke haben Besucher nicht nur übers Columbus-Center, sondern auch von außen. Am Reisebus-Terminal Columbusstraße führen ein Fahrstuhl und eine Wendeltreppe nach oben. Ein Eingang, der vor allem für Touristen wichtig ist, die mit dem Bus anreisen. Entlang der Haltestelle reihen sich sechs überdachte Einstellplätze für Busse aneinander. Also kommen Gäste auch bei Schietwetter trockenen Fußes in das neue Stück Stadt am Meer. ◆

SHOPPING-BUMMEL WIE AM MITTELMEER – MEDITERRANEO WECKT DIE LEBENSFREUDE

Das Mittelmeer reicht jetzt bis an die Nordsee, zumindest in Form der typisch südländischen Atmosphäre. Zu spüren ist sie in der neuen Einkaufswelt „Mediterraneo“. Sobald der Besucher den Eingang – die Entrada – passiert hat, ist er eingeladen, sich wie im Urlaub zu fühlen. Innovativ entwickelt hat das Einkaufserlebnis die AVW Immobilien AG. Das Buxtehuder Unternehmen investiert 31 Millionen Euro in das mediterrane Experiment an norddeutscher Küste.

„Ein Besuch im Mediterraneo ist wie ein sonniger Nachmittag in der Provence oder in der Toskana – mit authentischen Speisen und Getränken in südlicher Atmosphäre“, lautet die Philosophie von Frank Albrecht, dem Hauptaktionär der AVW Immobilien AG. Das Unternehmen hat seit seiner Gründung 1978 mehr als 100 Projekte verwirklicht und sich unter anderem auf themenorientierte Handelskonzepte spezialisiert.

In Bremerhaven hat der Investor das Konzept Mediterraneo erstmals am Markt verwirklicht – mit südländischem Flair, dem Duft von Früchten und Gewürzen, mit guten Weinen, Mode und Design. Kommt die Inszenierung von Lebensfreude und Lebensgenuss bei den Besuchern an, plant das Unternehmen, das Mediterraneo-Konzept in andere europäische Städte zu exportieren. Speziell in Bremerhaven setzt die AVW auf den Erfolg der *Havenwelten* und Synergieeffekte durch die Besuchermagneten Klimahaus, Deutsches Auswandererhaus (DAH) und Deutsches Schiffahrtsmuseum (DSM).

„Wenn das Mediterraneo in Bremerhaven funktioniert, hat das Konzept überall Erfolg.“

Frank Albrecht, Eigentümer des Mediterraneos

Die Idee steht schon 2001, als Bremerhavens Oberbürgermeister Jörg Schulz in der Strandhalle die Unternehmen vorstellt, die bei der Entwicklung der *Havenwelten* dabei sein wollen. Es vergehen aber fast sieben Jahre, bis das Haus am 9. Oktober 2008 eröffnet wird. Eine Zeit, in der von Lebenslust und leichter Unterhaltung unter südlicher Sonne noch nicht die Rede sein kann. Eher geht es nordisch kühl und stürmisch zu.

Kein anderes Projekt der Havenwelten ist so umstritten wie das Mediterraneo. Die italienische Welt strapaziert das bodenständige Gemüt der Bremerhavener, schürt im Columbus-Center

Markenzeichen des Mediterraneos: Wie in südlichen Welten schwebt eine Glaskuppel über einer Piazza voller Leben.

Ängste vor nicht kalkulierbarer Konkurrenz und ruft erneut die Bürgerinitiative auf den Plan, die schon Ende der 90er Jahre gegen Pläne für einen Ocean-Park Unterschriften gesammelt hat. „Das passt gar nicht nach Bremerhaven. Wir sind hier in Norddeutschland und nicht am Mittelmeer“, empören sich Bürger bei Versammlungen und Podiumsdiskussionen.

Statt einer „Lego-Kleinstadt im Betonkarton“ wünscht sich die Initiative Originalität und geschichtliche Authentizität. Kritik kommt auch aus den Reihen der Politik. Die Opposition lehnt das Projekt grundsätzlich ab, erinnert an viele Leerstände in der Stadt und bezweifelt, dass das neue Einkaufs- und Erlebniscenter auch mehr Kaufkraft nach Bremerhaven zieht.

Der Hauptaktionär der AVW AG, Frank Albrecht, steckt in dieser Zeit manchen Seitenhieb weg, hält aber dagegen, wenn ihm Stilbruch vorgeworfen wird: „Schließlich isst man in Bremerhaven auch nicht nur Scholle oder Hering, sondern auch Pizza in italienischen Restaurants.“

„Ich habe immer für Frank Albrecht Partei ergriffen und gesagt, der kann das. Er hat schon ganze Serien solcher Zentren gebaut, das hat mich überzeugt.“

Henning Scherf,
von 1995 bis 2005 Regierungschef im Land Bremen

Arkaden und Fassaden in mediterranen Farben schmücken die La Strada mit ihren kleinen und großen Geschäften

AUF EINEN BLICK:

PROJEKT:
Mediterraneo

BAUHERR:
AVW Vermögensverwaltungs-GmbH, 25. Objekt KG

PLANER:
WGK Planungsgesellschaft, Hamburg

GRUNDFLÄCHE:
13 000 Quadratmeter

VERKAUFSFLÄCHE:
8 600 Quadratmeter

INVESTITION:
31 Millionen Euro

GLASKUPPEL:
6,5 Millionen Euro (finanziert durch die Stadt Bremerhaven)

BAUBEGINN:
Februar 2007

KUPPEL AUFGESETZT:
Februar 2008

PARKPLÄTZE:
500

ERÖFFNUNG:
9. Oktober 2008

Lange Zeit bleibt unklar, wann Frank Albrecht mit dem Bau des Centers anfangen kann und will. Vor dem ersten Spatenstich sollen 70 Prozent der Verkaufsfläche vermietet sein. Anfang 2005 hat die AVW alle Papiere beisammen.

Sie will mit dem Bau anfangen und drückt aufs Gas. Aber der Investor muss erst die Finanzierungszusage für das nebenan geplante Hotel abwarten. Erst danach kann der Bau des Parkhauses beginnen, über dem sich die Einkaufs-Mall ausbreiten soll.

Am 19. April 2005 ist es soweit. Auf dem Areal am Alten Hafen wird der offizielle Baubeginn für das Parkdeck und damit gleichzeitig für die drei Großvorhaben Klimahaus 8° Ost, Kongresshotel und Mediterraneo gefeiert. Bei der vierten Groß-Attraktion, dem Deutschen Auswandererhaus, weht zu diesem Zeitpunkt schon der Richtkranz.

Eröffnen möchte die AVW ihr Einkaufszentrum am 1. April 2007. Doch die Großbaustelle führt immer wieder zu logistischen Problemen. Im Sommer wird klar, dass der angepeilte Termin nicht gehalten werden kann. Die AVW und die potenziellen Mieter reagieren verärgert und drängen auf einen verbindlichen Zeitplan.

Der Grundstein für das Mediterraneo wird am 28. August 2006 gelegt. Gespannt wartet man auf die künftigen Mieter. Quartieren sich wirklich Geschäftsleute von außerhalb mit höherklassigen Warenangeboten in der Einkaufsmeile ein? Oder werden etwa Geschäftsleute aus dem Columbus-Center abgeworben? Spekulationen, wer wen wann und wie angesprochen hat, machen die Runde und beherrschen die öffentliche Diskussion. Der Investor aber schweigt. „Aus Wettbewerbsgründen", betont der AVW-Vorstand.

Monatelang wird gerätselt, ob die Einkaufsstadt überhaupt noch gebaut wird. Doch dann werden Nägel mit Köpfen gemacht: Im Januar 2007 beschließt der Aufsichtsrat des Investors AVW ganz formell den Baubeginn, und im Februar rücken für jeden sichtbar die Bagger an. Eröffnung soll im Frühjahr 2008 sein, zeitgleich mit dem Klimahaus.

Die Herausforderung liegt jetzt bei der WGK Planungsgesellschaft Hamburg. Sie soll auf 13 000 Quadratmeter Fläche, davon 8600 Quadratmeter reine Verkaufsfläche, mit allen Regeln baulicher und technischer Kunst Mittelmeer-Stimmung inszenieren. Das Team entwickelt die Einkaufsstraße als Rundweg, als eine La Strada, an der rechts und links die Geschäfte liegen. Ausgelegt mit echtem Steinboden – großteilig marmoriert in der Mitte, kleinteilig zum Rand hin –, wirkt sie allein schon typisch mediterran. Darüber erheben sich Fassaden in rötlichen und gelblichen Tönen und erweitern Torbögen die Szenerie der Arkadengänge.

Liebevoll gestaltete Details betonen die mediterrane Wirkung

Ob rechts oder links an den bis zum Boden reichenden Schaufenstern entlang, immer führt die La Strada zum Zentrum des Mediterraneos: Zur Piazza unter einer 35 Meter hohen gläsernen Kuppel, ähnlich dem Dom in Florenz. Ein Schmuckstück für

Ein Schmuckstück: Die Glaskuppel über der Piazza.

6,5 Millionen Euro, mit dem die Stadt einen eigenen städtebaulichen Beitrag zum Gelingen der Einkaufswelt und einer ganzheitlichen Architektur der *Havenwelten* leistet.

Auf der Piazza plätschert der Springbrunnen, liegen die Cafés, Restaurants und eine Baguetterie, plaudern die Besucher in Korbstühlen bei Capuccino, Eis und leichter mediterraner Küche.

Natürlich dekoriert, wirken die Balkone verblüffend echt.

Oft wandert der Blick hoch zu den Fassaden mit ihren Balkonen, Säulen und Fenstern. Tagsüber fällt Sonnenlicht auf die Piazza, bei düsterem Wetter kommt farblich abgestimmt künstliche Beleuchtung dazu. Am Abend sind die Fenster der oberen Etage im zufälligen, natürlichen Rhythmus beleuchtet – eben mediterran romantisch.

„Mir war gleich klar, das ist schön, das wird den Leuten gefallen. Auch ich kann mit der südlichen Einkaufsstadt gut leben.“

Michael Teiser, Kämmerer und Bürgermeister von Bremerhaven

Indirekt über eine angestrahlte Decke fällt das Licht auf die La Strada. An einigen Stellen mischt sich Tageslicht dazu, an anderen Orten leuchten Straßenlampen oder verbreiten angestrahlte Wände Atmosphäre. Dahinter verbergen sich neueste Technik und Energie einsparende Maßnahmen. Das gilt im Mediterraneo auch für die Klima- und Lüftungstechnik.

Um den Anteil genutzter Fremdenergie so gering wie möglich zu halten, setzt die Planungsgesellschaft auf neuartige Systeme zur Wärme- und Kälterückgewinnung. Dazu gehören zwei große Speicher für Kälte und Wärme. Im Heizbetrieb wird die in der verbrauchten Luft enthaltene Wärme entzogen und die einströmende kalte Luft damit erwärmt. Im Kühlbetrieb funktioniert das System umgekehrt.

Heiß läuft die letzte Phase vor der Eröffnung am 9. Oktober 2008. Schon Wochen vorher beginnen die Händler damit, ihre Läden zu gestalten und einzuräumen. Auch öffentlich wächst die Neugier, was sich hinter der mediterranen Fassade wohl verbergen mag. Und dann, als wären kühle Norddeutsche heißblütig wie Italiener, stürmen die Bürger am 9. Oktober erst die Glasbrücke, die vom Columbus-Center zur Plaza der *Havenwelten* führt, und dann das Mediterraneo.

„Bremerhaven meldet sich zurück."

Oberbürgermeister Jörg Schulz bei der Einweihung

Blitzartig sind viele Kritiker verstummt. Stattdessen mehren sich allen Unkenrufen zum Trotz die Lobeshymnen ob der vielen Ideen, die in der neuen Einkaufswelt die Sinne ansprechen. Centermanagerin Tatjana Janssen läuft inkognito durch die Straße mit, erhascht die Kommentare und wird einen nie vergessen: „So etwas haben wir hier in Bremerhaven?! Das gibt's ja nicht mal in Berlin."

„Andere Küstenstädte haben ihre Potentiale längst ausgereizt. Bremerhaven startet durch und investiert in die Zukunft. Die Havenwelten sind etwas ganz Besonderes."

Tatjana Janssen, Centermanagerin im Mediterraneo

Nach dem Deutschen Auswandererhaus und dem Atlantic-Hotel Sail City mit seiner Aussichtsplattform und

dem angegliederten Conference Center ist das Mediterraneo das dritte Großprojekt, das in den *Havenwelten* neu eröffnet wird. Die AVW Immobilien AG rechnet mit mehr als einer Million Besucher im Jahr. In den ersten Monaten schlendern rund 10 000 pro Tag durch das Center – auch ohne dass das Klimahaus schon eröffnet ist. Und – für viele Kritiker die große Überraschung – die Gäste des Mediterraneos bummeln auch durchs benachbarte Columbus-Center. Statt ruinöser Konkurrenz registrieren die Geschäfte dort steigende Umsätze und neue Kundschaft. Mit jeder neuen Attraktion ziehen die *Havenwelten* mehr Tagesgäste und Kurzurlauber in die Stadt.

An den Start gehen mit der Eröffnung 36 der 41 geplanten Läden. Darunter als größter Anbieter auf 800 Quadratmetern „Olymp & Hades" mit Top-Mode für junge Frauen. Das Familienunternehmen existiert in Köln schon seit den 40er Jahren und ist in Norddeutschland sonst nur in Hamburg vertreten.

Ein weiterer Ankermieter ist die Milani-Moden GmbH mit 500 Quadratmetern Verkaufsfläche. Inhaber Hans Eulenbruch investiert eine Million Euro in sein „Geschäft auf Weltstadtniveau“. Das Design mit amerikanischem Nussbaum und hochglanzpolierten Flächen hat der Bremer, dem das traditionsreiche Unternehmen Harms am Wall gehört, selbst entworfen. Der Textilwirtschaftsverlag nimmt die Ladeneinrichtung sogar in das renommierte Buch „Läden 08“ auf und stellt sie in der Kategorie „Fach- und Spezialgeschäfte“ mit Filialen von Jil Sander und Hugo Boss auf eine Stufe.

„Bremer investieren in Bremerhaven. Hat es das früher gegeben?“

Tatjana Janssen, Centermanagerin im Mediterraneo

Die beiden großen Mode-Anbieter setzen auf Kunden, die bisher in andere große Städte zum Einkaufen gefahren sind, sowie auf Tagesgäste und Kurzurlauber. So auch „CBR Companies“ mit seinen internationalen Marken für „Sie“ und „Ihn“, das Schuhgeschäft „Claudio“, der Jack Wolfskin Store und das House of Villeroy & Boch. Diese Firmen gehören zu den ersten Partnern des Mediterraneos und zu jenen, die vom Erfolg der *Havenwelten* und der wachsenden Bedeutung Bremerhavens überzeugt sind.

Bei Harm Hesterberg hat das ein wenig gedauert. Nach dem Desaster mit dem Space-Park und dem Ocean-Park war Bremerhaven irgendwie aus seinem Kopf verschwunden. Mit dem Mediterraneo entwickelt sich der Bremer Unternehmer, der in der Sögestraße das Traditionshaus Stiesing betreibt, aber mehr und mehr zum Bremerhaven-Fan. Er investiert 500 000 Euro in das Geschäft „Stiesing Harbour“, bietet gehobene, sportliche Herrenkleidung an, lädt dazu an eine kleine Hafenbar ein und ist überzeugt, dass die großen Marken dieser Welt im Mediterraneo ihren festen Platz finden werden.

Die Betreiber der Restaurants stimmen in das Loblied über die neue Einkaufs-Mall gern ein. Sie bitten Besucher, drinnen unter der Glaskuppel auf der Piazza Platz zu nehmen oder draußen in der Sonne mit Blick auf den Museumshafen, servieren kulinarische Erlebnisse und bereichern die neue Lebensart mit leichter Unterhaltung. Dabei ist nichts endgültig. Nach dem Sprichwort „Handel ist Wandel“ will sich das Mediterraneo ständig weiterentwickeln und Neues wagen.

Und wenn es sein muss, wird um neue Wege hart gerungen. So auch um die Genehmigung des Landes Bremen, sonntags öffnen zu dürfen. An Wochenenden locken die Havenwelten die meisten Besucher an. Da kann es nicht sein, dass sie im Mediterraneo vor verschlossenen Ladentüren stehen. Über Wochen wird in den Reihen der Politik, des Handels und der Gewerkschaften heftig debattiert. Dann, Mitte Juni 2009, macht die Bürgerschaft des Landes Bremen den Weg für den Handel frei. 20 Mal im Jahr lädt das Mediterraneo jetzt auch sonntags zum Shopping-Bummel auf die La Strada ein – und dann ist richtig was los … ◆

TECHNOLOGIEPARK AM MEER ERSTE ADRESSE FÜR NEUE BRANCHEN

Seit 2008 in Betrieb: t.i.m.e.Port III

Die städtische Wirtschaftsförderungsgesellschaft BIS hat an diesem ausgesuchten Standort den Bürokomplex t.i.m.e.Port angelegt. Dazu gehören drei Gebäude mit 6800 Quadratmetern vermietbarer Fläche.

Der Name t.i.m.e.Port steht für TELEKOMMUNIKATION (T), INFORMATIONSTECHNOLOGIE (I), MULTIMEDIA (M) UND ENTERTAINMENT (E).
Mehr als 30 Firmen haben hier ihren Sitz und mehr als 200 Menschen finden hier hochwertige Arbeitsplätze.

Den Anfang macht die BIS 2001 mit der Sanierung der denkmalgeschützten kaiserlichen Post an der Schifferstraße. Sie investiert gut 3 Millionen Euro in Büros mit modernem Komfort, verteilt auf 1400 Quadratmeter vermietbarer Fläche. Finanziert wird die Sanierung der historischen Bausubstanz findig mit Zuschüssen der Europäischen Union aus dem Programm „Urban II“ für den Stadtteil Lehe. Erster Ankermieter wird eine Firma, die sich auf die Entwicklung und den Betrieb von Messgeräten und Datenerfassungssystemen spezialisiert hat.

t.i.m.e.Port II wird 2005 als moderner Neubau an der Ostseite des Neuen Hafens direkt am Lloydplatz errichtet. Das von dem Architektenbüro Husemann, Timmermann und

Seit 2006 in Betrieb: t.i.m.e.Port II

Mit den *Havenwelten* entsteht eine neue Welt für Firmengründer in zukunftsweisenden Branchen. Sie können sich jetzt in Top-Lage mitten in der Stadt niederlassen – und das reizvoll am Wasser gelegen und mit Blick auf die neuen Attraktionen am Weserdeich.

Auf der Ostseite des Neuen Hafens gelegen: Die beiden Brüder t.i.m.e.Port II und t.i.m.e.Port III sind über einen gläsernen Gang miteinander verbunden.

Partner (Braunschweig) gezeichnete Gebäude ist speziell für Existenzgründer aus der Informations- und Kommunikationsbranche gedacht.

Anfangs kommt der anthrazitfarbene Bau nur schleppend voran. Der Fassadenbauer geht in die Insolvenz. Die BIS Bremerhaven muss eine missliche Situation meistern. Es gelingt ihr mit einer Firma aus Ganderkesee, die schon die DEBEG-Halle gegenüber dem Klimahaus um einen Anbau erweitert hat und bei der Ausschreibung von t.i.m.e.Port II auf dem

Von außen ein Zeuge der Vergangenheit, innen mit modernen Büros ausgestattet: die komplett sanierte kaiserliche Post an der Schifferstraße.

AUF EINEN BLICK:

PROJEKT:
t.i.m.e.Port I, die kaiserliche Post in der Schifferstraße

BAUHERR:
BIS Bremerhaven, Gesellschaft für Investitionsförderung und Stadtentwicklung

BRUTTOGESCHOSSFLÄCHE:
2700 Quadratmeter

VERMIETBARE FLÄCHE:
1400 Quadratmeter

INVESTITION:
3,2 Millionen Euro

BAUBEGINN:
2001

FERTIGSTELLUNG:
2002

AUF EINEN BLICK:

PROJEKT:
t.i.m.e.Port II

BAUHERR:
BIS Bremerhaven, Gesellschaft für Investitionsförderung und Stadtentwicklung

ARCHITEKTEN:
Husemann, Dr. Wichmann, Braunschweig

BRUTTOGESCHOSSFLÄCHE:
3500 Quadratmeter

VERMIETBARE FLÄCHE:
ca. 2000 Quadratmeter

INVESTITION:
5,6 Millionen Euro

BAUBEGINN:
2005

FERTIGSTELLUNG:
2006

zweiten Platz gelandet war. Sie komplettiert die Metallfassade, mit der sich das Haus markant von den üblichen Putz- und Backsteinfassaden der Stadt absetzt.

Architektonisch bestätigt wird das zweite Gründerzentrum von einer Jury des „Bundes Deutscher Architekten (BDA)“. Bei der Vergabe des BDA-Preises 2006 stellt sie heraus, t.i.m.e.Port II sei in allen Details perfekt gestaltet und städtebaulich für seinen Platz hervorragend geeignet. Mehr noch wird ein großes Interesse der Firmen an dem Standort regis-

Ins Licht gerückt: t.i.m.e.Port II.

triert. t.i.m.e.Port II, das Technologiezentrum mit Blick auf die Hafen-Silhouette, gehört zu den „ersten Geschäftsadressen“ in der Stadt. Schon deshalb, weil die Bewohner aus allen Etagen einen freien Ausblick auf die Häfen und den Strom genießen.

t.i.m.e.Port III lässt nicht lange auf sich warten. Hier wird der Schwerpunkt auf die maritime Wirtschaft und Wissenschaft gelegt. Der Bau entsteht ab Frühjahr 2006 gleich nebenan. Das Haus wird über einen gläsernen Gang direkt mit t.i.m.e. Port II verbunden und ist mit seiner

Strukturen zum Hingucken: t.i.m.e.Port III.

AUF EINEN BLICK:

PROJEKT:
t.i.m.e.Port III

BAUHERR:
BIS Bremerhaven, Gesellschaft für Investitionsförderung und Stadtentwicklung

ARCHITEKTEN:
Bert Bücking, Patrick Ostrop, Ole Flemming (BOF, Hamburg)

BRUTTOGESCHOSSFLÄCHE:
3500 Quadratmeter

VERMIETBARE FLÄCHE:
2400 Quadratmeter

INVESTITION:
7,3 Millionen Euro

BAUBEGINN:
Anfang 2007

FERTIGSTELLUNG:
November 2008

AUF EINEN BLICK:

PROJEKT:
Communications-Center
an der Barkhausenstraße

GRÖSSE:
4000 Quadratmeter

BAUHERR:
BIL Leasing GmbH & Co.
747 KG

ARCHITEKTEN:
Schröder, Bremen

INVESTITION:
5,8 Millionen Euro

BAUBEGINN: 2001

FERTIGSTELLUNG: 2002

gebrochenen Fassade aus Glas und Aluminium „ein echter Hingucker".

Ursprünglich wollen 262 Architekturbüros aus ganz Europa für t.i.m.e. Port III zeichnen. 20 werden ausgesucht, sich an einem Wettbewerb zu beteiligen. Am meisten überzeugt der Entwurf der Architekten Bert Bücking, Patrick Ostrop und Ole Flemming von „BOF Hamburg". Den Juroren gefallen die Leichtigkeit der Fassade und ein Treppensaal, der Besuchern und Beschäftigten ein großes Panorama zum Hafen eröffnet.

Modernste Technik zeichnet die zukunftsweisende Energiewirtschaft des Hauses aus. Die Büros werden über Kapillarmatten erwärmt, die in die Decke eingearbeitet sind. Energie, ob Wärme oder Kälte, wird über Fundamentpfähle aus dem Erdreich eingespeist. Bei Bedarf kommt Fernwärme hinzu.

7,3 Millionen Euro kostet der markante Zwillingsbau. Mit seiner Eröffnung ziehen gleich 13 Unternehmen und 90 Beschäftigte ein. So entwickelt sich die t.i.m.e.Port-Trilogie in den *Havenwelten* zu einer Erfolgsgeschichte ganz anderer Art. Neben dem Technologiezentrum an der Columbus-/Barkhausenstraße schließen sich weitere Investitionen zu gewerblichen Zwecken an. 2001 baut hier die BIL Leasing GmbH & Co. 747 KG ein „Communication Center". Auf drei Ebenen wird eine Fläche von rund 4000 Quadratmetern zur Verfügung gestellt. Hauptmieter wird die Firma D + S online.

Auf der Westseite des Neuen Hafens bildet 2001 der Neubau der Firmenzentrale der Gustav W. Rogge GmbH & Co. KG die erste große private Investition. Die Planungsgruppe Gestering, de Vries, Wurster und Partner, Bremen, gestaltet auf dem gut 1600 Quadratmeter großen Grundstück ein kombiniertes Büro- und Wohngebäude in direkter Nachbarschaft zum Simon-Loschen-Turm. Das symmetrische Haus besticht durch ein verglastes Dachgeschoss mit Schwimmbad im Besprechungsraum und einer Halle, die sich über vier Geschosse ausdehnt. Das in neuer Vermarktung stehende Verwaltungsgebäude bildet die elegante Überleitung zu den exklusiven Wohnideen, die die Lloyd-Marina Wohnungsbau GmbH in unmittelbarer Nachbarschaft verwirklicht. ◆

WOHNEN AM WASSER MIT ALLEM KOMFORT

Exklusiver kann ein Standort nicht sein: Auf der einen Seite der erholsame Blick aufs Wasser, auf der anderen das pulsierende Leben der Stadt. Kein Zweifel: Die Havenwelten haben sich zur ersten Adresse in der Stadt Bremerhaven entwickelt. Entsprechend groß sind die privaten Investitionen und entsprechend stark steigt die Nachfrage nach Flächen.

Am Ende der Entwicklung sollen sich private und öffentliche Investitionen pari gegenüber stehen. Während die südliche Kernzone des Entwicklungsgebiets bereits mit touristischen Attraktionen belegt ist, werden die nördlich gelegenen Flächen erst nach und nach bebaut. Für einige Liebhaber hat sich der Traum vom Wohnen am Wasser allerdings schon erfüllt.

Die Lloyd-Marina Wohnungsbau GmbH mit den drei Gesellschaftern Sparkasse Bremerhaven, Jürgen Meyer und Norbert Tränkner erwerben nördlich des Simon-Loschen-Turms 6500 Quadratmeter Bauland am Weserdeich. 2006 baut die

Gesellschaft gegenüber dem Yachthafen das erste Wohnhaus, ein Komplex mit elf Eigentumswohnungen nach Plänen des Architektenbüros Gestering. Das Besondere: Die Bewohner genießen sowohl schöne Aussichten auf die Marina als auch auf die Außenweser.

Exklusive Lage, exklusive Häuser – zwischen Lloyd-Marina und dem Weserdeich ist der Blick aufs Wasser garantiert.

Im Jahr 2008 folgt ein zweiter Bau unter dem Namen „Weser Loft“. Nach Plänen des Architektenbüros Joost, Philipps, Schulz entstehen 17 Eigentumswohnungen von 90 bis 150 Quadratmetern Größe. Auch sie finden schnell ihre Liebhaber.

Mit großen Fensterfronten und zwei maritimen Bullaugen in jeder Wohnung schaffen die Architekten immer neue Ausblick-Situationen. In einigen Einheiten geht der Blick durchs Bullauge sogar exklusiv von der Badewanne aus direkt auf die Weser. Andere fokussieren mit dem runden Glas lieber die Marina. Einzelne Bewohner haben auch Innenwände teilweise durch Scheiben ersetzt, damit die spektakulären Aussichten auf den Neuen Hafen und zugleich auf die Weser die Wohnatmosphäre beeinflussen.

Nur auf den Teller des Nachbarn bleibt die Sicht bewusst versperrt. Der Grundriss des Gebäudes ist so aufgebaut, dass jede Wohneinheit separat erscheint. Die zweischalige Bauweise auf Stahlbetonstützen

AUF EINEN BLICK:

PROJEKT:
Wohnen am Wasser

1. HAUS:
11 Eigentumswohnungen

ARCHITEKT:
Planungsgruppe Gestering und Partner, Bremen

WESER-LOFT:
17 Eigentumswohnungen

ARCHITEKT:
JPS Joost, Philipps, Schulz, Bremerhaven

GEPLANTE HÄUSER:
die Gebäude „Wave“ und „Point“

GESAMTINVESTITION:
18 Millionen Euro

BAUHERR:
Lloyd-Marina Wohnungsbau GmbH

Beziehung zur Geschichte: Dieses Wohnhaus mit seinen elf Eigentumswohnungen liegt direkt am ehemaligen Lloyd-Dock.

schützt außerdem vor unerwünschter Musik und Geräuschen von nebenan.

Besonders begehrt: Die Penthouse-Wohnungen im siebten Geschoss. 155 repräsentative Quadratmeter Wohnfläche lassen sich unter anderem mit einem Kamin ergänzen. Auf dem Balkon schützt eine Glasfaltwand-Brüstung vor zu viel Wind.

Das Gegenstück zur Penthouse-Architektur sind zwei Maisonette-Wohnungen, die auf dem Eingangsbereich und der Versorgungsetage aufliegen. Sie bieten die Chance, die Räume auch gewerblich zu nutzen. Ende September 2009 ziehen die neuen Bewohner ins Weser-Loft ein, darunter auch eine Senioren-Wohngemeinschaft, die sich damit den Traum vom Wohnen am Wasser erfüllt.

„Das Gelände hat sich vorzüglich entwickelt. Wir wollen die Vorstände von deutschen Wohnungsbaugesellschaften hierher einladen und kräftig Imagewerbung für Bremerhaven betreiben."

Claus Brüggemann, Vorstand der Städtischen Sparkasse Bremerhaven

Mit zwei weiteren Komplexen möchte die Sparkasse als nunmehr alleinige Gesellschafterin der Marina Wohnungsbau GmbH unter den Namen „Wave" und „Point" an den Markt gehen. Dabei will das Architektenbüro Joost, Philipps, Schulz die Bandbreite der Wohnungsgrößen noch weiter von 70 auf bis zu 220 Quadratmeter ausdehnen. Insgesamt werden 3000 Quadratmeter Wohnfläche geschaffen. Der Clou: Die Penthouse-Architektur wird im dritten Projekt gleich auf zwei Ebenen verwirklicht.

Für alle vier Gebäude werden rund 18 Millionen Euro investiert. Erschöpft ist das Interesse damit nicht. Im Gegenteil: Die Sparkasse Bremerhaven hat sich die Option auf weitere 6000 Quadratmeter Bauland gesichert, die sich in nördlicher Richtung am Weserdeich anschließen. ◆

Außergewöhnliche Vielfalt an Architektur (von links): Bremerhaven Sail City, Simon-Loschen-Turm, Boardinghaus, die beiden „Rogge"-Häuser, die zwei ersten Wohnhäuser.

8°Ost

KLIMAHAUS BREMERHAVEN 8° OST – EINE TRAUMREISE DURCH WIND UND WETTER

So viele auswärtige Kennzeichen haben Bremerhavener in der Vergangenheit nur zu „Sail"-Zeiten in der Seestadt gesehen. Mit der Eröffnung des „Klimahauses Bremerhaven 8° Ost" gehören sie zum alltäglichen Bild. Gleich in den ersten vier Wochen strömen 100 000 Besucher in die größte Attraktion der *Havenwelten* und erleben tief beeindruckt eine einzigartige Weltreise: Immer entlang des 8. Längengrades erfahren sie an neun Stationen in fünf Kontinenten, was Klima ausmacht und wie es das Leben der Menschen beeinflusst – spannend, spaßig, emotional und wissenschaftlich fundiert.

„Das Klima gehört zu den Themen, die die Menschen am meisten bewegen. Oft fehlen nur die Grundlagen für die Zusammenhänge. Im Klimahaus sorgen wir leicht verständlich für Orientierung."

Ideengeber Dr. Carlo Petri, Inhaber Petri & Tiemann, Bremen

Orientierung bieten neben der Hauptattraktion „Reise" vor allem die Bereiche „Elemente", „Perspektiven" und „Chancen". Interaktiv wird hier vermittelt, wie Wetter entsteht, sich das Klima bis 2050 verändern kann und was jeder einzelne, aber auch die Menschheit insgesamt zu tun vermag, um schädliche Umwelteinflüsse zu vermeiden.

Spiele mit Farbe und Licht: In der Abteilung Alaska fällt der erste Blick auf die Skulptur einer Walflosse.

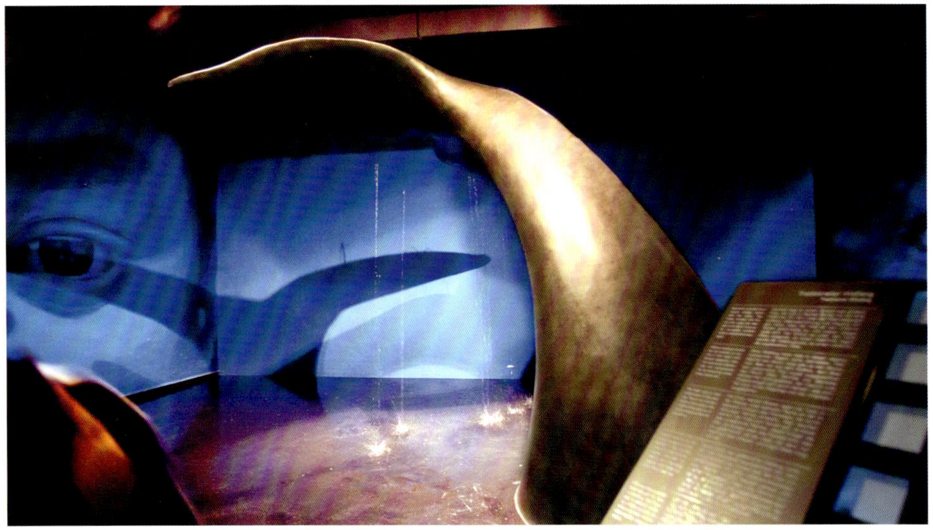

Schon mit seiner Eröffnung am 27. Juni 2009 avanciert das „Klimahaus Bremerhaven 8° Ost" zum Flaggschiff deutscher Umweltpolitik. Als Indiz dafür steht Bundeskanzlerin Angela Merkel, die schon vor der Eröffnung am 25. Mai das Klimahaus besucht und vom Konzept der Reise begeistert ist.

„Da müssen Sie unbedingt hingehen."

Bundeskanzlerin Angela Merkel in ihrer Rede am 25. Mai 2009 vor 2500 Zuhörern am Neuen Hafen

Die Idee, inmitten der Havenwelten ein Klimahaus zu etablieren, reicht ins Jahr 2000 zurück, als nach dem Aus für die Ocean-Park-Planung nach einer neuen Attraktion gesucht wird. Im Dezember 2000 legt die Petri & Tiemann GmbH, Bremen, eine erste Konzeptskizze für ein „Klimahaus" vor. Geschätzte Kosten: rund 70 Millionen Euro.

Das Land Bremen und die Stadt Bremerhaven sind grundsätzlich bereit, eine solche Einrichtung zu finanzieren und die Unternehmer Petri & Tiemann entschlossen, ins Betreiberrisiko zu gehen. Mitte Juni 2001 präsentieren sie eine komplette Konzept- und Machbarkeitsstudie.

Die neuen Ideen entfachen anfangs allerdings noch keine Begeisterungsstürme. Zu Beginn des neuen Jahrtausends herrschen in der öffentlichen Diskussion noch kritische Fragen vor, ob denn das Thema für eine Touristenattraktion überhaupt ausreichend Zugkraft besitzt und Bremerhaven der richtige Standort ist?

Am Eingang der „Reise": eine Architektur zum Einfühlen in arktische Eiswelten.

Arne Dunker, der neben Carlo Petri das Projekt von Anfang an federführend betreut und heute Geschäftsführer der Klimahausbetriebsgesellschaft mbH ist, hegt daran nie den geringsten Zweifel.

AUF EINEN BLICK:

PROJEKT:
Klimahaus Bremerhaven 8° Ost

BAUHERR:
Bremerhavener Entwicklungsgesellschaft Alter/Neuer Hafen mbH & Co. KG (BEAN)

GESAMTPROJEKTLEITUNG:
Städtische Wohnungsgesellschaft Bremerhaven mbH (StäWoG)

BETREIBER:
Klimahaus Betriebsgesellschaft mbH

PROJEKTIDEE:
Petri & Tiemann GmbH

ARCHITEKTUR:
1. Entwurf:
– Klimahaus Bremerhaven Planungs-GmbH KBP –
Klumpp Architekten Stadtplaner

2. Ausführung:
Agn, Niederberghaus und Partner, Ibbenbüren u. Bremen

GRÖSSE:
125 Meter lang, 82 Meter breit, 30 Meter hoch

KOOPERATIONSPARTNER:
Alfred-Wegener-Institut für Polar- und Meeresforschung Bremerhaven und Max-Planck-Institut für Meteorologie Hamburg

BRUTTOGESAMTFLÄCHE:
18 800 Quadratmeter

BESUCHERFLÄCHE:
11 500 Quadratmeter

AUSSTELLUNGSDESIGN:
Arbeitsgemeinschaft Kunstraum GfK mbH und Petri & Tiemann GmbH

INVESTITION:
102 Millionen Euro

BESUCHERPROGNOSE:
600 000 pro Jahr

VERWEILDAUER:
vier bis fünf Stunden

BAUBEGINN:
August 2006

ERÖFFNUNG:
27. Juni 2009

AUSGEZEICHNET:
„Clean Tech Media Award 2009",
Europäischer Stahlpreis,
Weltdekade-Projekt der Vereinten Nationen „Bildung für nachhaltige Entwicklung" (2005 – 2014)

Auf der „Reise" blinkt romantisch der nächtliche Sternenhimmel …

… und draußen im Freien blitzt es zwischen erleuchteten Fassaden.

Mit dem Alfred-Wegener-Institut für Polar- und Meeresforschung (AWI) hat bereits eine weltweit renommierte Einrichtung, die mit dem Klimawandel befasst ist, in Bremerhaven ihren Sitz. Im Übrigen sind in Bremerhaven Wetterphänomene aus allen Klimazonen der Erde zu spüren. Das Wetter an der Küste ist einer der Magneten, die Touristen in den Norden ziehen.

Im Klimahaus sollen die Besucher die Verhältnisse in den verschiedenen Klimazonen bei einer „Reise" um die Welt hautnah zu spüren bekommen. In der Ausstellung wechseln die Temperaturen von 38 Grad plus bis 18 Grad minus. Erst führt die Tour in die Hochalpen der Schweiz, von dort ins mediterran warme Sardinien, weiter in die flimmernde Hitze der afrikanischen Sahelzone und in den feucht-warmen Regenwald von Kamerun und schließlich in den Eiskanal der Antarktis. Über das feucht-warme Südseeparadies Samoa und die Tundra Alaskas geht es zurück in die frische Nordseeluft der Hallig Langeneß und anschließend endet die Tour wieder in Bremerhaven.

Eine Weltreise zu neun Stationen und das an einem Tag: auf dem 8. Längengrad bis zur Antarktis und von dort auf dem 171. Längengrad zurück nach Bremerhaven – das ist 2001 die Idee.

Voller farbenfroher Fische: die Aquarien auf Samoa.

„Es geht darum, wie sich Tiere und Menschen den Klimabedingungen angepasst haben und Klima und Wetter eine der Ursachen dafür sind, dass die Menschen auf Samoa eine ganz andere Kultur haben als zum Beispiel die Yupik in Alaska.“

Arne Dunker,
Geschäftsführender Gesellschafter

DIE AUSSTELLUNG

Die Inszenierung dieser einzigartigen „Reise“ übernimmt Friedo Meger, Geschäftsführer der Kunstraum GfK mbH, Hamburg. Um die Entwürfe zu realisieren, kommen renommierte Spezialisten aus der internationalen Welt des Theaters und des Films nach Bremerhaven. Es gilt, eine Reise um die Welt in atemberaubende Kulisse umzusetzen, in Bilder und Kontraste, in eine sinnliche Erfahrung mit Dürre und Feuchtigkeit, Enge und Weite, Kälte und Hitze. Und dies authentisch und weitgehend originalgetreu. Die Besucher sollen das Gefühl haben, sie seien wirklich auf Sardinien, in der Wüste, in der Antarktis gewesen.

Um die Aufgabe anzugehen, reist ein Klimahaus-Planungsteam erst einmal selbst durch die fünf Kontinente entlang des 8. Längengrads. Mit dabei ist der israelisch-amerikanische Filmemacher Ben Zion (B. Z.) Goldberg. Die Projektentwickler filmen Landschaften, kartieren, notieren und nehmen innerlich all das auf, was sie mit Sinnes- und Multimedia-Installationen im Klimahaus zum Ausdruck bringen wollen.

Kinder auf Großleinwand begrüßen die Besucher in Kamerun. Ihr „Alkhêr ghâs – Danke, gut“ bleibt lange im Ohr.

Eiseskälte in der Antarktis.

Traumstrand auf Samoa.

„Man nimmt die Essenz eines Ortes mit und versucht dann, sie hier im Klimahaus umzusetzen.“

Nicola Krause,
Architektin bei Kunstraum GfK mbH

Aber es soll nicht nur bei Klima und Landschaft bleiben. Das Team sucht und findet auch Männer, Frauen und Kinder, die ihre Geschichte erzählen, sich im Alltag filmen lassen und so als Protagonisten der Ausstellung fungieren und Nähe zu den Menschen in den verschiedenen Klimazonen aufbauen.

Als „Reiseleiter“ wirkt Axel Werner, ein frei schaffender Architekt, der überall mit den Einheimischen ins Gespräch kommt über ihren Alltag, ihre Rituale, ihre Sorgen. In Filmausschnitten begegnen ihm die Besucher während der gesamten „Reise“.

DIE REISE

Im ersten Film liegt Axel Werner noch in Bremerhaven im Bett. Sein Wecker klingelt, er streckt noch einmal die Beine aus, schließt den Koffer und bespricht den Anrufbeantworter: „Ich bin für ein Jahr unterwegs.“ Alltagsecht eilt er zum Hauptbahnhof und springt auf Gleis 2 in den Zug.

IN DER SCHWEIZ

Auf Großleinwänden verfolgen die Besucher seine Fahrt in die Schweiz in den Kanton Uri. Dort wird die Geschichte von zwei Bergnomaden erzählt, die im Sommer auf die Blümlisalp ziehen und wegen abtauender Gletscher und Geröllawinen um ihre Existenz bangen. Wer mag, kann sich in der Station Schweiz in einem Tonstudio im Jodeln üben, mit Kuhglocken musizieren, Kühe melken oder sich auf einem 15 Meter hohen Kunstfelsen ins Gletscherbuch eintragen.

AUF SARDINIEN

In einer Gondel sitzend, sehen die Besucher im Film auch Axel Werner mit der Gondel davonschweben. In der nächsten Sekunde landet er per Schussfahrt inmitten einer blühenden

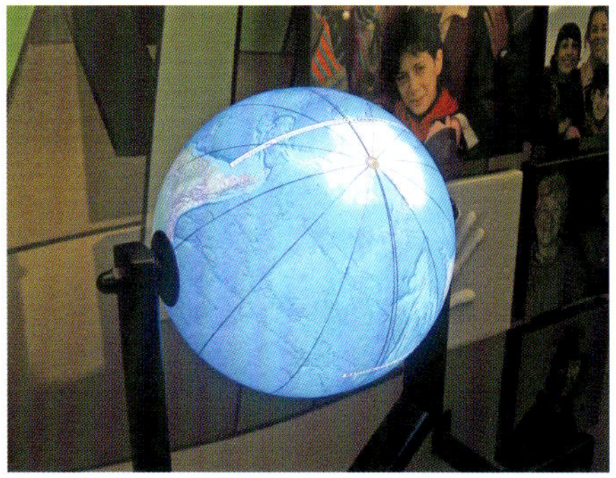

Wiese auf Sardinien. Aus der Perspektive eines Insekts und umgeben von riesigen Grashalmen erleben die Besucher eine Welt voller Nattern, Stabheuschrecken, Skorpionen und Taranteln, die gar nicht stechen, sondern beißen, wie es auf einer der vielen Informationstafeln heißt.

Theatermaler Steffen Griebsch hat die langen Grashalme gespachtelt, geschliffen, grundiert und angepinselt und Holger Krogh die kleinen Krabbeltiere bei sich zu Hause versorgt, bis die Terrarienbauer im Klimahaus fertig waren. Neben den Verstecken haben Medientechniker Kameras installiert, damit Besucher den Tieren auf Monitoren nachspüren und das Bild per Joystick in jede Ecke dirigieren können.

Der Weg führt über Kunstgras und Lehmboden zu einer überdimensionierten, verbeulten Getränkedose. Mehrfach knüllte die Architektin Nicola Krause Original-Dosen, bis sie das perfekte Modell für die Kulissenbauer in der Hand hielt. Im Innern der Dose lassen sich mit einigem Geschick an Monitoren Wetter-

Auf seiner Weltreise erlebt der Besucher Sardinien aus der Insektenperspektive. Mitten auf der Wiese: eine verrostete Getränkedose, innen drin eine Wetterstation.

lagen so verändern, dass es einen Raum weiter auf einen Fiat Cinquecento regnet oder sich Wäsche an einer Leine im „Wind der Sonne", dem Scirocco, bewegt. Eine Hausfassade verbreitet die Stimmung eines Sommerabends. 14 Tage lang haben Patricia Brandt und Bert Marquardt vom Bühnenservice Berlin an den Details gearbeitet – neben sich als Vorlage Aufnahmen des Originals.

NIGER IN DER SAHELZONE

Dritte Station der Reise ist Niger in der Sahelzone Afrikas. 35 Grad trockene Wärme bei 40 Prozent relativer Luftfeuchtigkeit beherrschen das Klima auf knapp 200 Quadratmetern Wüste. Im Original kartiert, wird sie im Klimahaus authentisch nachgebaut, mittendrin der Torso einer Akazie, hergestellt in der slowakischen Hauptstadt Bratislava.

Ein Tuareg serviert den Tee.

200 Quadratmeter Wüste in der Sahelzone, authentisch nachgebaut mit dem Torso einer Akazie, symbolisieren, wie sehr Afrika unter der Klimaveränderung leidet.

In der Flusslandschaft des Kameruns. In den Bassins und Aquarien des Klimahauses schwimmen mehr als 1000 Fische.

Besucher spüren den trockenen Wüstenwind, die flimmernde Hitzewand, wenn sie – bequem auf Ledermatratzen liegend – einen Film über den Alltag der Männer, Frauen und Kinder in der Sahelzone sehen. Warm genug ist es auch, etwa 35 Grad.

KAMERUN

Schwül-heiße Hitze steigt hoch in Kamerun. 80 Prozent Feuchtigkeit liegen in der Luft. Eine Firma aus Burgau in Schwaben hat mit speziellen raumlufttechnischen Geräten die Wetterlage eingestellt. Mehr als ein Jahr arbeitete ein vierköpfiges Team an den Details.

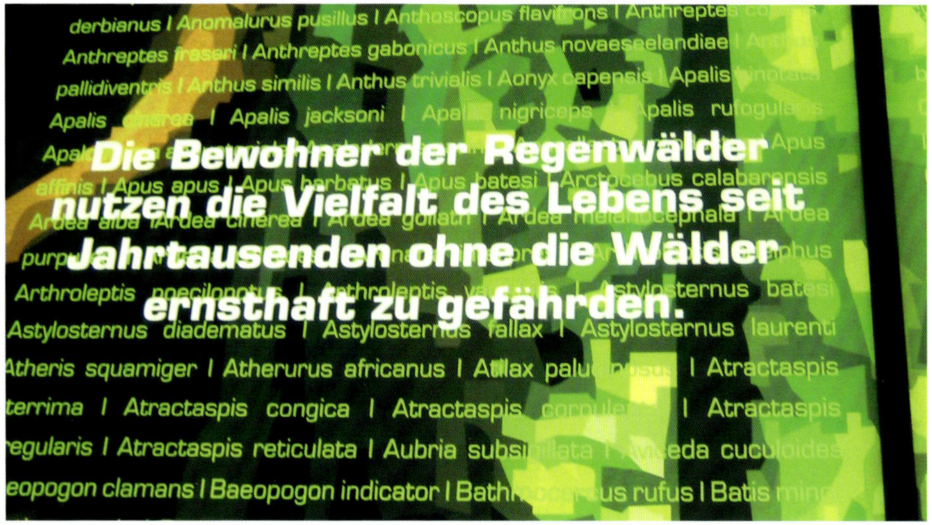

An meterhohen Gerüsten und Gitterstäben haben Kulissenbauer Schlingpflanzen für einen subtropischen nächtlichen Regenwald des Nationalparks Korup befestigt. Aus unsichtbaren Lautsprechern knallt Gewitterdonner ans Ohr, krakeelen Vögel in den Ecken, berühren Blätter die Haut und steigen auf dem engen Pfad langsam unheimliche Gefühle hoch.

Dann ein Aufatmen. Eine Flusslandschaft löst den Regenwald ab. Meeresbiologe Dr. Lutz Fischer hat Elefantenrüsselfische, Buntbarsche und Welse bei einer Expedition extra für das Klimahaus gefangen.

„Sogar ein Nil-Waran, eine bis zu zwei Meter groß werdende Eidechsen-Art, erhält im Klimahaus seinen Lebensraum."

Dr. Lutz Fischer, Leiter Aquaristik und Terraristik im Klimahaus

Mehr als 400 Fische nahm Fischer in Wilhelmshaven in Pflege, bis im Klimahaus die riesigen Aquarien an ihrem Platz standen. Rund 200 Tierarten zogen ins Haus ein – Insekten, Amphibien und eben Fische – insgesamt mehr als 1000 an der Zahl.

DIE ANTARKTIS

Bei aller Umwelt schonenden Energietechnik, in der Antarktis geht es nicht ohne herkömmliche Kältemaschinen mit regenerativem Strom. Auf sechs Grad minus drücken sie die Temperatur. Nach 35 Grad plus in Kamerun freuen sich Besucher zwar auf eine Abkühlung, doch wird es in dem blau-grauen Eiskanal schnell unwirtlich. Über den vereisten Boden geht es aber zügig weiter in die Polarstation. Hier wird die enge Zusammenarbeit mit dem Alfred-Wegener-Institut deutlich. Forschungsergebnisse der Neumayer-Station fließen in die Darstellungen des Klimahauses ein, und die Geophysikerin Dr. Susanne Nawrath achtet darauf, dass dies wissenschaftlich korrekt geschieht.

„Die Themen werden fachlich fundiert, aber verständlich aufbereitet und über alle Sinne vermittelt.“

Arne Dunker, Geschäftsführer des Klimahauses

SAMOA

Auf 5000 Quadratmetern und mehr als 30 Ebenen dehnt sich die „Reise“ aus. Eine Wendeltreppe endet gar in einen fiktiven Sternenhimmel. Ein 65 Meter langer romantischer Pfad führt klangvoll zurück zur Erde, der Sonne entgegen und hinein in das Südseeparadies Samoa. Ein Tischler aus Loxstedt hat die Kirche gebaut, das Oberhaupt der südpazifischen Insel Tokelau eine landestypische Wohnhütte, ein so genanntes Fale. Und vor das Haus des Samoaners wurden 30 Tonnen Sand gekippt.

Die Inszenierung mit Palmen, blauem Himmel und einer bunten Aquarienlandschaft sitzt perfekt. Für die Fledermausfische, Drücker- und Doktorfische und so skurrile Geschöpfe wie runde Kugel- und kantige Kofferfische werden die Becken im März 2009 sogar mit Originalwasser aus dem Golf der Biscaya gefüllt. Ein Schiff der norwegischen Reederei Höegh lieferte die 500 000 Liter im Bremerhavener Nordhafen an, Tanklaster beförderten das Salzwasser bis zum Klimahaus. Selbst sechs Tonnen künstliches Riffgestein wurden eigens aus Indonesien importiert.

Nichts fehlt in diesem Südsee-Paradies. Und doch hat es seine Risse, wie die Ausstellung zeigt. Die meterhohen Korallenriffe, eine Barriere gegen Sturmfluten, bleichen aus und zeigen schon Anzeichen des weißen Todes. Schon jetzt sind ganze Atolle verschwunden. Die Samoaner gehörten zu den ersten, die auf die drohende Klimakatastrophe aufmerksam machten und nach einer Protestwelle zum Klimaschutz-Protokoll von Kyoto (Japan) beitrugen.

ALASKA

Wieder wechselt das Wettergeschehen. Zwischen Sibirien und dem amerikanischen Kontinent erleben die Besucher auf der siebten Station ihrer Reise St. Lawrence Island, eine Insel zwischen Sibirien und dem amerikanischen Kontinent, auf dem das Volk der Yupik lebt. In einer Kultur, die noch von Robbenjagd und Walfang dominiert wird, aber in die schon der amerikanische Lebensstil Einzug gehalten hat. Für viele verwunderlich: Mitten in der Ausstellung steht ein Trampolin. Die Eskimos sollen es erfunden haben, um im Sprung nach oben einen besseren Überblick über ihre Fanggebiete zu bekommen.

In Alaska schimmern Konturen eines Walrosses durch.

Wer die von Wasser umrundete Hallig Langeneß betritt, erlebt auf der Leinwand eine Sturmflut mit.

LANGENESS

Die Reise der 1000 Bilder, Geschichten, Temperaturen und Gerüche geht auf Langeneß zu Ende. Einer Hallig in der Nordsee, mit der im Klimahaus eine Sturmflut, der Blanke Hans, in Szene gesetzt wird. Über bewegte Bilder auf Projektionsflächen und mit einer kleinen Warft, auf der tapfere Besucher eng zusammenrücken, während der Raum langsam geflutet wird.

Zurück in Bremerhaven lassen Besucher ihre Reise gern Revue passieren, begegnen sie noch einmal den Protagonisten in den neun Orten, aber auch einem wunderschönen Regenbogen, den Bremerhavener Schüler im Kunstunterricht mit 1600 Bildern zum Thema Klima gemalt und gestaltet haben.

DIE BAUPHASE

Mit den vielfältigen Ideen für das „Klimahaus Bremerhaven 8° Ost" löst die Stadt als Bauherrin Anfang 2006 eine Expedition aus in bisher unbekannte Bereiche der Baukunst, der Energiewirtschaft, der Multimediatechnik und Logistik.

„Es gab ja kein Vorbild. Aber wenn man solche Leuchttürme in die Welt setzt und Publikum anziehen will, muss man risikobereit sein."

Henning Scherf, ehemaliger Regierungschef im Land Bremen

Architekt Thomas Klumpp, ein Baumeister, der schon mit dem „Universum" in Bremen Aufsehen erregt hat, entwirft für die Wesermündung einen sanft geschwungenen Baukörper von 125 Meter Länge und 82 Metern Breite. In 18 000 Quadratmetern Gesamtfläche sind nicht weniger als 11 500 Quadratmeter für die Ausstellung reserviert, mehr Platz als auf einem Fußballfeld.

Von der Form her ähnelt der Korpus einer Wolke. Vielleicht auch einem aufprallenden Wassertropfen, dem Münchener Fußballstadion oder gar einem Schiff mit dem Turm des Hotels Sail City als Segel. Klumpps Entwurf setzt der Phantasie keine Grenzen. Nur passt das Bild der Wolke farblich gut zu der milchigen Glasfassade, die, 10 000 Quadratmeter groß, imposant auf einer Dachträgerkonstruktion aus Aluminium lagert.

Die riesige Glasfassade lastet auf einer Konstruktion aus Stahl.

Das Wagnis aus Glas und Stahl bildet die Hülle eines völlig separaten Innenkörpers aus Beton. Eine Trennung, die energietechnisch Sinn macht: Die im Zwischenraum zirkulierende Luft wirkt als natürliche Belüftung des Hauses. Klumpps Idee planerisch umzusetzen, wird Aufgabe der Bremer Niederlassung „Eickworth-Iggenas der agn Niederberghaus & Partner GmbH". Als Bauherrin fungiert für die Stadt die Entwicklungsgesellschaft Alter/Neuer Hafen (BEAN).

Die Städtische Wohnungsbaugesellschaft (StäWoG) steuert das Gesamtprojekt. Eine Unternehmung, die mehr als acht Jahre dauert, davon vier Jahre reine Bauzeit, und alle Beteiligten bis hin zu Oberbürgermeister Jörg Schulz durch ein Meer an Untiefen führt.

„Ich war oft am Deich, habe gesehen, wie das Klimahaus wächst und mich in Alpträumen gefragt, ob die Bürger einmal mit dem Finger auf mich zeigen und sagen, „Der da hat uns das eingebrockt“.

Jörg Schulz rückblickend bei der Feier zur Eröffnung des Klimahauses

Die schlechteste Nachricht kommt gleich am Anfang bei der Ausschreibung der Stahlbauarbeiten per Gerichtsurteil ins Haus: Der Auftrag muss einem zunächst unterlegenen Bewerber erteilt werden. Er hatte vor dem Verwaltungsgericht geklagt, und die Richter befanden, dass bei der Ausschreibung eine europäische Bestimmung außer Acht gelassen wurde. Obwohl noch nicht in nationales Recht umgesetzt, sei sie schon Pflicht, so das Gericht.

Die fatale Folge: Der Zeitplan kippt und damit auch die Gültigkeit aller Verträge für nachfolgende Gewerke. BEAN und StäWoG müssen neu verhandeln und durchweg höhere Preise in Kauf nehmen. Zu allem Überdruss explodieren auch noch die Stahlpreise. Im Zeitplan gehen zwölf Monate verloren, in der Kalkulation Millionenbeträge. Der ursprünglich geplante Eröffnungstermin im Frühjahr 2008 ist Illusion und wird vorsorglich auf März 2009 verschoben.

Erst Mitte 2008 ist die Stahlkonstruktion fertig und kann der Glasbau beginnen. 18 Wochen sind dafür angesetzt. Als am 9. Oktober das Mediterraneo und die Glasbrücke eröffnet werden, ist aber nur der südliche Teil fertig. Eingesetzte Fremdfirmen geraten bei dem gläsernen Kunstwerk an ihre Grenzen: Die Fassade setzt sich aus 4700 einzelnen Verbundglasscheiben zusammen. Nur jeweils zwei sind gleichgroß – eine für jede Seite des symmetrischen Gebäudes. Die letzten noch fehlenden Scheiben müssen gar per Lasertechnik fixiert werden, um eine passgenaue Herstellung zu garantieren.

Das nächste Dilemma: Solange das Klimahaus kein Dach hat, stockt der wetterabhängige Innenausbau.

Die Energietechnik des Hauses setzt Maßstäbe: Aus dem Klimahaus entweichen keine zusätzlichen CO_2-Emissionen.

Termine verschieben sich immer weiter nach hinten. Mitte Oktober 2008 zeichnet sich ab, dass auch ein Eröffnungstermin am 1. März 2009 nicht mehr zu halten ist. Realistisch wäre Herbst 2009, nur ginge dann dem Klimahaus, aber auch dem Mediterraneo und dem Hotel Sail City die Sommersaison verloren.

Als Kompromiss wird der 27. Juni 2009 vereinbart. Mit der Folge, dass mehr Personal eingesetzt werden muss, zusätzlich an Feiertagen und Wochenenden gearbeitet wird und der Faktor Zeit auch bei der Wahl von Technik und Material zunehmend eine Rolle spielt. So einigt man sich zum Beispiel darauf, beim Innenausbau anstelle von Gipskarton großflächig feuchtigkeitsresistente Platten einzusetzen. Das alles spart Zeit, geht aber weiter ins Geld.

Im Forum des Klimahauses herrscht buntes Treiben. Da gibt es von der Empore aus immer etwas zu beobachten.

Auch die Energietechnik entwickelt sich zu einer außergewöhnlichen Herausforderung. Ziel ist ein Klimahaus, aus dem keine zusätzlichen CO_2-Emissionen entweichen. Spezialisten der Transsolar Energietechnik GmbH (Stuttgart/München/New York) entwickeln dafür gemeinsam mit der Projektleitung zwar keine neuen Methoden, verbinden aber bereits bekannte Technologien effizient zu einer ganzheitlichen Lösung. Im Ergebnis setzt die Energietechnik Maßstäbe für künftige Großprojekte.

„Uns war von vornherein bewusst, dass wir gerade beim Klimahaus eine das Klima schonende Energienutzung einsetzen müssen“.

Geschäftsführer Arne Dunker

Seinen Strombedarf deckt das Klimahaus ausschließlich über regenerative Quellen. Ökostrom aus Wind und Wasserkraft wird ergänzt durch eine Photovoltaik-Anlage auf dem Plaza-Dach.

Bei der Klimatisierung geht es mit Blick auf bis zu 5000 Besucher am Tag vornehmlich um die Kühlung des Hauses. Zum einen wird dafür geothermische Energie eingesetzt. Sie wird über Leitungen in den 450 Gründungspfählen, die 15 Meter tief ins Erdreich ragen, nach oben dirigiert. Zum anderen ist die Betondecke mit einem Wasser führenden Rohrleitungssystem durchzogen, um die Außenluft zur Kälteabstrahlung zu nutzen.

„Die Herausforderung ist die ganzheitliche Planung, die nicht in einem Kompromiss, sondern in einer Optimierung der Einzelanforderungen endet.“

Sieghard Lückehe, Städtische Wohnungsgesellschaft Bremerhaven

Im Zentralbereich des Klimahauses wird aufsteigende Warmluft über einen Austauschprozess ebenfalls zur Kühlung eingesetzt. Dies stillt unter anderem den Kältebedarf der Aquarien. Ergänzend dazu wird Fernwärme aus dem Bremerhavener Müllheizkraftwerk geliefert und ebenfalls in den Austauschprozess mit einbezogen.

Auch Max Klimamaus applaudiert zur Eröffnung des Klimahauses.

Lichtdesigner Gerd Pfarré hat für das Klimahaus bei Nacht vier verschiedene Lichtinstallationen entworfen. Sie werden per PC über 1900 Leuchtdioden gesteuert.

Warnt vor den Folgen des Klimawandels: Bob Geldof

Mitte März 2009 ist die Fassade des Klimahauses soweit geschlossen, dass mit dem Bau der Ausstellung begonnen werden kann. Ursprünglich waren dafür zwölf Monate eingeplant. Jetzt müssen die Akteure die multimediale Erlebniswelt in nur drei Monaten in Szene setzen – und dies verteilt und versetzt auf 37 Ausstellungsebenen.

Mehr als 20 Gewerke mit ebenso vielen Bauleitern und mehr als 200 Beschäftigten laufen jetzt gleichzeitig. Und alle brauchen Platz zum Arbeiten und Platz fürs Material. Speziell dafür ist eine mobile Einsatzgruppe unterwegs. Sie sorgt für die nötige Bein- und Baufreiheit. Als Besprechungsraum dient den Ingenieuren, Architekten, Statikern und Bauleitern das alte Koggenbräu-Haus an der Holländerbrücke.

Eine Woche vor der Eröffnung arbeiten Kulissenbauer, Klima- und Multimedia-Techniker, Tischler, Elektriker und Maler wie im Rausch. Meterlang hängen noch Kabel von den Decken. Im Regenwald warnt noch ein Schild „Frisch gestrichen“, und selbst an der Außenfassade hängt noch ein Kletterer, um letzte Scheiben zu befestigen. Im Einsatz gegen Schmutz und Dreck saugt ein 22-köpfiges Putz-Team Schweizer Berge ab, wischt schmutzige Scheiben auf Samoa und putzt denen hinterher, die vor ihnen gekleckert haben.

Noch sieht nichts nach Sekt, Büfett und Rednerpult aus. Stattdessen jagt eine Bauabnahme die nächste, werden Auflagen geprüft und der Brandschutz gesichert. Und um Geschäftsführer Arne Dunker herum wächst das Team von Wissenschaftlern und Pädagogen, Tierpflegern, Marketing- und Veranstaltungsexperten, Fachkräften der Gastronomie, Kassenpersonal und Gästeführern. Mit der Eröffnung werden es 120 sein.

Und dann ist, viel zu spät und doch viel zu schnell, der große Tag da: Am 25. Juni 2009 weiht die Stadt Bremerhaven mit einer offiziellen Feier für 800 geladene Gäste das Klimahaus ein, die ersehnte Hauptattraktion der *Havenwelten*. Als Festredner empfängt die Stadt den irischen Musiker und Umweltaktivisten Bob Geldof.

DAS BIETET DAS KLIMAHAUS:

DIE REISE:
Sie führt entlang des 8. Längengrads durch neun Orte auf fünf Kontinenten. Originalgetreue Kulissen und künstlerische Inszenierungen vermitteln auf 5000 Quadratmetern Ausstellungsfläche Eindrücke von den Lebens- und Klimaverhältnissen.

ELEMENTE:
Hier wird spielerisch erklärt, was Wetter bestimmt und beeinflusst. Besucher lernen Prinzipien und Phänomene kennen, die das komplexe System Erde ausmachen, und können experimentieren und ausprobieren.

PERSPEKTIVEN:
Diese Abteilung vermittelt einen Einblick in die Klimageschichte der Erde und die mögliche künftige Entwicklung bis zum Jahr 2050. Menschen aus aller Welt beschreiben, wie ihre Zukunft im Zeichen des Klimawandels aussehen kann.

CHANCEN:
In diesem Teil der Ausstellung wird aufgezeigt, was jeder einzelne ohne große Mühe zum Schutz des Klimas beitragen kann und was die Menschheit insgesamt konkret tun muss.

SHOP:
Hier gibt es Souvenirs, Spiele und Material zum Klimawandel, aber auch T-Shirts zum Thema. Alle Waren sind umweltfreundlich hergestellt. Waren, die per Flugzeug angeliefert werden müssten, sind tabu. Das Klimahaus will jede CO_2-Belastung vermeiden.

„CAFÉ SÜDWÄRTS“:
Auf halber Strecke der Reise werden den Besuchern Kaffee, Getränke und Snacks angeboten. Platz ist für rund 60 Personen.

RESTAURANT „LÄNGENGRAD“:
In der ersten Etage können sich Besucher mit einer warmen Mahlzeit stärken. Im Restaurant „Am Längengrad“ ist Platz für 120 Personen. Weitere 120 Plätze können für Veranstaltungen in den benachbarten Multifunktionsräumen eingerichtet werden. Die Küche bietet für Gruppen und bei Veranstaltungen mit bis zu 800 Personen auch Themenbüfetts, die dem Ausstellungsbereich Reise entsprechen.

VERANSTALTUNGEN:
Die Räumlichkeiten können genutzt werden für Tagungen, Kongresse und Großveranstaltungen. Für besondere Events stehen auch die einzelnen Bereiche der „Reise“ zur Verfügung. Ferner stehen zwei Multifunktionsräume für 60 und 150 Personen sowie das Foyer für 800 Personen (350 Plätze bei Gala-Bestuhlung) zur Verfügung.

WETTERSTUDIO:
Eine Meteorologin erklärt aktuelle Wetterereignisse anhand von Daten des Deutschen Wetterdienstes. Dazu gehören speziell auch Hinweise auf extreme Ereignisse wie Wirbelstürme oder Tornados. Wer mag, kann in der „Green Box“ selbst eine Fernseh-Wettershow moderieren.

AUSSICHTSPLATTFORM:
Ein Fahrstuhl führt ins 6. Stockwerk zu einer Plattform, die aus 28 Metern Höhe herrliche Ausblicke auf die Stadt eröffnet, aber auch gern von Rauchern genutzt wird.

Gemalt von Bremerhavener Schulkindern: ein Regenbogen voller Bilder über die Klimazonen entlang des 8. Längengrads.

Jeder darf es lesen: Axel Werner hat während seiner Reise Tagebuch geschrieben.

Eindringlich und unter die Haut gehend, berichtet der Hauptinitiator der weltweiten Benefizkonzerte Live Aid über Afrika, den Kontinent, der am meisten unter dem Klimawandel zu leiden habe.

„Wo vor 200 Jahren Urwald war, herrscht heute Trockenheit. 16 Millionen Menschen verlassen bereits ihre Heimat. Es kann sein, dass wir eines Tages auch Teile Europas verlassen müssen.“

Bob Geldof in seiner Festrede zur Eröffnung des Klimahauses

„Die Abstimmung zwischen Hochbau und Ausstellung gehörte für mich zu den schwierigsten Aufgaben in diesem Projekt“

Marion Krüger, Projektsteuerin Hochbau

Zusammen mit dem Regierungschef des Landes Bremen, Jens Böhrnsen, Bremerhavens Oberbürgermeister Jörg Schulz, BEAN-Geschäftsführer Alfred Lüneburg sowie den Klimahaus-Betreibern Arne Dunker und Carlo Petri drückt Bob Geldof nach seiner aufrüttelnden Rede den berühmten Knopf zum Start.

„Das Klimahaus ist ein Liebesbrief an unseren Planeten.“

Bob Geldof bei der Einweihungsfeier

Seitdem strömen fast täglich mehr als 3000 Menschen ins Klimahaus und sind ebenso berührt wie begeistert. Schon vier Wochen nach der Eröffnung wird der 100 000. Gast mit zwei Jahreskarten überrascht. Die bundesdeutsche Medienlandschaft berichtet in mehr als 900 Beiträgen voller Akzeptanz und Anerkennung über das „Klimahaus Bremerhaven 8° Ost“ – und über eine Stadt, die sich mit den Havenwelten neu erfunden hat. ◆

DAS DEUTSCHE SCHIFFAHRTSMUSEUM – EIN NATIONALER SCHATZ WIRD NEU HERAUSGESTELLT

Das Deutsche Schiffahrtsmuseum (DSM) am Alten Hafen gehört zum maritimen Grundkapital der Stadt. Seit seiner Eröffnung 1975 genießt das Nationalmuseum der Bundesrepublik Deutschland auf dem Gebiet von Wissenschaft und Forschung europaweit einen herausragend guten Ruf. Speziell die Schiffsarchäologie wird international beachtet. Für die Stadt ist das Haus Aushängeschild und wichtiger Wirtschaftsfaktor zugleich. In den ersten drei Jahrzehnten zieht das DSM mehr als acht Millionen Besucher in die Ausstellungen und damit in die Stadt.

Für die Zukunft wird ebenfalls optimal gesorgt. Geplant ist, in den kommenden fünf Jahren 100 Millionen Euro in Neu- und Umbauten zu investieren. Das Museum will die Forschung weiter ausbauen und mit neuem Marketingkonzept den Besuchern mehr Einblicke in die wissenschaftliche Arbeit gewähren. Verwirklicht werden soll der Masterplan bei weiter geöffnetem Museum bis 2015.

Neben dem Klimahaus ist das Deutsche Schiffahrtsmuseum die zweite Einrichtung in den neuen Havenwelten, für die die öffentliche Hand 100 Millionen Euro aufwenden und zukunftsweisende Strukturen schaffen wird. Dahinter stehen hohe Ansprüche und eine internationale Ausstrahlung.

Das DSM stand schon vor der Wiedervereinigung auf der „Blauen Liste“ – eine Bezeichnung für Einrichtungen, die von Bund und Ländern gemeinsam finanziert wurden. An ihre Stelle trat nach der Wiedervereinigung die Wissenschaftsgemeinschaft Gottfried Wilhelm Leibniz e.V. Unter ihrem Dach sind heute 86 wissenschaftliche Einrichtungen vereint, darunter sieben Forschungsmuseen.

„Das Deutsche Schiffahrtsmuseum ist das einzige Nationalmuseum, das überhaupt nach dem Zweiten Weltkrieg in Deutschland gegründet worden ist. Es wirkt wie ein einzelner Diamant, der an der Weser gefasst wurde.“

Stadtbaurat Volker Holm

Kern des Deutschen Schiffahrtsmuseums ist der unter Denkmalschutz gestellte Scharoun-Bau. Ein Komplex, der zu Beginn der 70er Jahre nach Entwürfen des Bremerhavener Stararchitekten Hans Scharoun errichtet wird. Der Erschaffer der Berliner Philharmonie setzt das Museum architektonisch wie eine Düne ans Meer und spiegelt mit gelbem Klinker den Sand am Weserdeich wider. Innen fühlt sich der Besucher wie an Bord: Auf der einen Seite die Schiffspassagen auf der Weser, auf der anderen das angegliederte Freilichtmuseum mit Schiffen im Alten Hafen und mittendrin die Modelle in der Ausstellung. Miterleben kann Hans Scharoun die Eröffnung des Deutschen Schiffahrtsmuseums nicht mehr. Der Bremerhavener Baumeister stirbt 1972 in Berlin im Alter von 79 Jahren.

Die Restaurierung der Hansekogge von 1380 gehört zu den größten Herausforderungen des Museums.

Im Freilichtmuseum gehen Touristen besonders gern an Deck der Bark „Seute Deern“..

AUF EINEN BLICK:

PROJEKT:
Nationales Schifffahrtsmuseum der Bundesrepublik Deutschland

ERÖFFNET:
3. September 1975

ARCHITEKT:
Hans Scharoun

1. ERWEITERUNG:
2000

ARCHITEKT:
Büro Dietrich Bangert, Berlin

2. ERWEITERUNG:
ab 2010

ARCHITEKT:
Büro Dietrich Bangert, Berlin

GEPLANTE INVESTITION:
rund 100 Millionen Euro

ZAHL DER BESUCHER IN 2008:
rund 130 000

DIREKTORIUM:
Prof. Dr. Lars U. Scholl,
Dr. Ursula Warnke

AUSGEZEICHNET:
International Maritime Heritage Award 2001

„Scharouns Ideen waren phantastisch, aber für das Museum nicht leicht zu bespielen."

Professor Dr. Lars U. Scholl, geschäftsführender Direktor des Deutschen Schiffahrtsmuseums

Ende der 90er Jahre wird das Gebäude nach Süden hin erweitert. Nun hinterlässt der Berliner Architekt Dietrich Bangert seine Handschrift an der Küste. Er entwirft einen hellen, großzügigen Anbau mit großen Fensterfronten und gewährt damit Passanten schon von außen erste Einblicke in die Ausstellung. Bewusst

verzichtet Bangert darauf, die Architektursprache Scharouns fortzusetzen. Stattdessen konzipiert er einen eigenständigen Neubau. In der Synthese entsteht ein neues, komplexes Ambiente.

Im Mai 2000 wird der Anbau eröffnet. Das Deutsche Schiffahrtsmuseum präsentiert sich mit deutlich erweiterter Ausstellung und zugleich mit einer Sensation der Schiffsarchäologie: der öffentlichen Darstellung der Bremer Hansekogge von 1380.

Das Wrack war am 8. Oktober 1962 bei Baggerarbeiten in der Weser entdeckt worden. Da es bis zu diesem Zeitpunkt nur ungefähre Vorstellungen von diesem Schiffstyp der frühen Hansezeit gab, galt die Entdeckung der Kogge als Sternstunde der Schiffsarchäologie. Auch für das DSM ist die Hansekogge ein Glücksfall. Er führt dazu, dass der Bund das Haus fünf Jahre nach seiner Eröffnung in die Reihe der deutschen Forschungsmuseen aufnimmt.

Sehenswert (von links): der Schornstein der „Otto Hahn", der Steven der Hansekogge und der Hafenschlepper „Stier".

Die Kogge zu rekonstruieren, wieder aufzubauen und in einem Nassholzverfahren zu konservieren, entwickelt sich für das Museum zur ersten großen Herausforderung. 38 Jahre dauert der aufwendige Prozess, bevor im Mai 2000 der damalige Bremer Regierungschef Henning Scherf die Kogge feierlich enthüllen und fast zeitgleich mit der Neueröffnung zur Besichtigung freigeben kann.

Die Forschung zur Hansekogge stellt das Deutsche Schiffahrtsmuseum international ins Rampenlicht. 2001 zeichnet die „World Ship Trust" das Haus für die Konservierung der Bremer Kogge mit dem „International

Maritime Heritage Award" aus. Beendet ist das Projekt damit nicht. Im Gegenteil: die Wissenschaftler sind derzeit dabei, die Kogge mit einem Stahlkorsett weiter zu festigen und für die Nachwelt zu erhalten. Dabei tauschen sich die Bremerhavener Experten mit Kollegen in Stockholm und dem englischen Plymouth aus, wo ähnliche Konservierungsvorhaben erprobt werden.

Die Forschungsarbeit des Museums entwickelt sich jeweils aus der Ausstellung heraus. Beide Bereiche werden alle sieben Jahre von einer mehr als 20-köpfigen Kommission des Bundes evaluiert. Eine Kontrolle, die den mehr als 50 Mitarbeitern und dem mit Professor Dr. Lars U. Scholl und Dr. Ursula Warnke besetzten Direktorium schon mal den Schweiß auf die Stirn treiben kann. Zahlreiche Doktorarbeiten, Veröffentlichungen und Sonderausstellungen sind Beleg für die seit Jahrzehnten geleistete Forschungsarbeit. Nicht von ungefähr wird das Haus als Gedächtnis deutscher Schifffahrtsgeschichte beschrieben.

Einen Schwerpunkt haben die Grundlagenforscher auf die Zeit zwischen 1500 und 1800 gelegt,

Kleine Kinder lassen gern Schiffchen fahren, große noch viel lieber: Mit dem Ausbau des Museums wird noch mehr für Familien mit Kindern getan.

Seute Deern

als es zwar keine deutsche Nation gab, sich aber dennoch Millionen Deutsche über andere Länder am maritimen Aufbruch in ferne Kontinente und am Aufbau von Kolonien beteiligt haben. Das Museum hat die Spur aufgenommen und Zeugnisse dieser Zeit zusammengetragen.

Neben dem Geschehen an der Peripherie maritimer Weltgeschichte hat die Ära nach dem Ersten Weltkrieg das besondere Interesse der Forscher geweckt. Jahre, in denen, von Null angefangen, Reeder neue Überlegungen zum Aufbau einer Handelsschifffahrt angestellt haben. Besonders kümmert sich DSM-Direktor Scholl zurzeit darum, Entwicklungen am Beispiel der Reederfamilie Rickmers darzustellen. Deren 175-jährige Familien- und Unternehmensgeschichte ist Inhalt von zwei Promotionarbeiten und Thema einer Sonderausstellung, die 2009 professionell von einem Bühnenbildner in Szene gesetzt wird und große Beachtung findet.

„Mit den beiden Doktorarbeiten hat die maritime Unternehmensgeschichte an die internationale Forschung angeknüpft.“

Prof. Dr. Lars U. Scholl

Das Museum möchte in einem nächsten Schritt mit weiter entwickelten Marketingstrukturen und frischen Akzenten Forschung noch leichter begreifbar machen. Im Zentrum stehen Bauvorhaben in nunmehr dritter Generation.

Europaweit fühlten sich 23 Architekten herausgefordert, dafür Pläne zu entwickeln und sich im Rahmen eines Ideenwettbewerbs der Jury zu stellen. Tagelang wägen die Juroren die anonymisierten Entwürfe gegeneinander ab, bis am Ende die Briefumschläge mit den Namen der zehn Besten geöffnet werden und der Sieger feststeht: Dietrich Bangert, der Architekt aus Berlin, der schon den ersten Anbau entworfen hat. Die Jury ist überrascht und doch wieder nicht: Bangert weiß eben um die städtebauliche Bedeutung der Einrichtung, kennt die musealen Eigenarten und vermag die Erweiterung architektonisch am besten den bisherigen Gegebenheiten anzupassen. Sie stammen ja von ihm.

Im Juli 2009 segnet der Verwaltungsrat des Museums einen 104 Seiten umfassenden Masterplan ab. Ziel ist, 2015 in Bremerhaven ein erweitertes und modernisiertes Nationalmuseum einweihen zu können. Es wird sich über mehr als 300 Meter am Weserdeich ausdehnen und an die neuen Havenwelten mit dem Mediterraneo als direkten Nachbarn anschließen.

Laut Masterplan sollen neue Gebäude für Forschung und Museum entstehen, die einen Kostenaufwand von 45 Millionen Euro erfordern. Die Ausstellungsfläche wird von derzeit 8300 auf – inklusive Außenbereich – 21 500 Quadratmeter erweitert und damit nahezu verdoppelt. Das bietet dem Museum die Chance, die gesamte Präsentation der wertvollen Exponate neu zu konzipieren.

Das ursprüngliche Scharoun-Haus wird für weitere 21 Millionen Euro komplett saniert. Fenster, die Stellflächen kosteten und deshalb zugestellt wurden, sollen sich wieder öffnen und Magazine an einem Ort konzentriert und verstärkt vor Hoch-

DAS BIETET DAS DSM

DIE SCHIFFE:
Zu sehen sind im Museum Bootsflotten vom Mittelalter bis heute, Schiffsmodelle und Navigationsinstrumente, Waffen und Gerätschaften sowie eine Hochsee- und Küstenflotte im Museumshafen. Dazu gehört unter anderem die 76 Meter lange Bark „Seute Deern", einziger und größter hölzerner Rahsegler weltweit; ferner der Hochseeschlepper „Seefalke", der Walfangdampfer „Rau IX", der Haffkahn „Emma" und der Binnenschlepper „Helmut" sowie das Feuerschiff „Elbe 3".

DIE AUSSTELLUNG:
Das DSM erzählt die spannende Geschichte der deutschen Schifffahrt in friedlichen und kriegerischen Zeiten. Dadurch wird das frühere und gegenwärtige Leben auf Schiffen und in Häfen lebendig. Sektionen sind die Hochseefischerei, der Walfang, das Rettungswesen und die Kriegsmarine, genauso Windjammer, Containerschiffe und Sportboote. Zudem vermittelt das DSM Wissen zu Gezeiten, Polen und Meeren, zur Navigation und zum Schiffbau.

DIE FORSCHUNG:
Erforscht werden sämtliche Gebiete der deutschen Schifffahrtsgeschichte. Dazu zählen die Gezeiten- und Navigationsforschung ebenso wie die Geschichte der Marine, der Polar- und Meeresforschung und des Walfangs. Darüber hinaus arbeiten die Teams die Sozialgeschichte, die Schiffsarchäologie und die Konservierung von Nassholz wissenschaftlich auf.

DIE HANSEKOGGE:
Glanzstück der Ausstellung ist die Hansekogge von 1380, die 1962 bei Hafenbauarbeiten im Schlamm der Weser entdeckt worden ist. Sie wurde über 38 Jahre aufwendig wieder aufgebaut und konserviert.

DIE PRÄSENTATION:
Das DSM ist eines von sieben Forschungsmuseen in Deutschland. Alle Ergebnisse werden veröffentlicht über Dauer- und Sonderausstellungen, Veranstaltungen und Schriften. Die Bibliothek und das Archiv sind nach Absprache öffentlich zugänglich.

DER FÖRDERVEREIN:
Rund 3000 Mitglieder haben sich in einem Förderverein des Deutschen Schiffahrtsmuseums zusammengeschlossen. Er gilt damit als größter Förderverein Deutschlands.

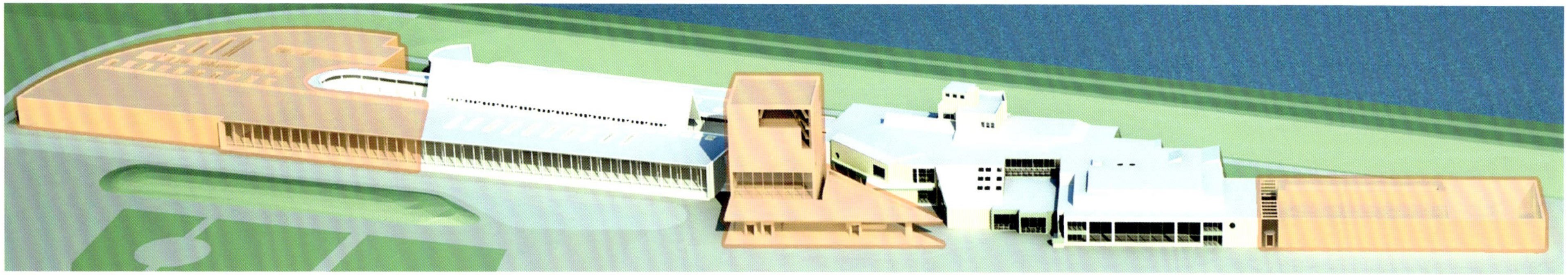

Über 300 Meter erstreckt sich das Deutsche Schiffahrtsmuseum, wenn es wie geplant nach den Plänen des Berliner Architekten Dietrich Bangert ausgebaut wird.

Der Radarturm markiert den Standort im Herzen der Stadt: links die Schiffe im Museumshafen, rechts das Gebäude-Ensemble des Museums.

wasser geschützt werden. Zudem gilt es, in dem Scharoun-Bau zeitgemäße Medientechnik zu installieren.

Den künftigen neuen Eingang markiert Bangert mit einem weißen Turm zwischen dem Haupthaus und dem Erweiterungstrakt. Er wird sechs Etagen hoch, mit einem Vortragssaal für 400 Personen ausgestattet, die Bibliothek beherbergen und Platz bieten für ein Café, das auch außerhalb der Öffnungszeiten des Museums über den Deich zugänglich und geöffnet bleiben kann.

Das Ziel, den Austausch zwischen Wissenschaft und Gesellschaft zu verstärken, wird sich architektonisch in Glasfronten ausdrücken, die auch einen Einblick in die Magazine und wissenschaftliche Arbeit gewähren. Dazu kommen Räume für das Archiv, die Museumspädagogik und die Öffentlichkeitsarbeit.

„Besser kann man sich das nicht wünschen."

Dr. Ursula Warnke, Direktorin am Deutschen Schiffahrtsmuseum

Um in den kommenden Jahren die Besucherzahlen zu steigern, sollen attraktive Sonderausstellungen realisiert werden. Der großzügige Anbau ermöglicht es, auch internationale Ausstellungen „einzukaufen". Dies und das neue Marketingkonzept sollen dazu beitragen, das DSM regional, aber auch national und international noch bekannter zu machen. Wichtig ist dem Nationalmuseum, sein Alleinstellungsmerkmal deutlicher herauszustellen und die Authentizität aller Exponate zu betonen. Darüber hinaus möchte es seine Angebote familienfreundlicher gestalten.

Der Ausbau des Deutschen Schifffahrtsmuseums wird Bremerhaven als Standort für Wissenschaft und Forschung noch weiter nach vorn bringen. Zugleich gewinnt das DSM als touristische Attraktion an Bedeutung. 130 000 Besucher haben sich 2008 die Sammlung angesehen. Mit der Erweiterung peilt das Direktorium 200 000 Besucher pro Jahr an. Über ein Kombi-Ticket ist das Nationalmuseum mit dem Deutschen Auswandererhaus schon jetzt eng verbunden. ◆

NOK 05
NOK 06
NOK 07

KAJEN, PLÄTZE UND PASSAGEN – TRITTSTEINE IN DEN HAVENWELTEN

Die Richtung ist klar: Schick sollen sie sein, die neuen *Havenwelten*. Etwas ganz Besonderes. Und gleichzeitig typisch für den Hafen und diese Stadt. Vier große Büros stellen sich vor und bewerben sich um die Landschaftsplanung. Den Zuschlag erhalten Architekten aus Oberbayern – das Büro Latz + Partner aus Kranzberg bei München. Für Bremerhaven ein Glücksfall.
Acht Jahre lang feilt das Münchener Büro zusammen mit der Landschaftsarchitektin Ute Bartels von der BIS Bremerhaven an einer Formensprache, die den ursprünglichen Charakter des Hafens widerspiegelt. Die Ideen, mit denen der renommierte und schiffsbegeisterte Landschaftsarchitekt Tilmann Latz an der Nordseeküste überzeugt, erregen weltweit Aufsehen.

„Das Chicago Athenaeum", eines der renommiertesten Museen für Architektur und Design, prämiert das Konzept von Latz + Partner mit dem „International Architecture Award". Die Jury wählt die Arbeit des oberbayerischen Teams unter mehreren hundert Bewerbern aus. Die Juroren stellen die Freiraum-Designer der *Havenwelten* auf eine Stufe mit Stars wie dem britischen Architekten und Designer Norman Foster oder dem niederländischen Architekten Rem Kolhaas.

Für die Freiflächen wählen die Landschaftsplaner bewusst robustes Pflaster. Das unterstreicht den Hafencharakter.

„Auch die Bremerhavener beginnen, den Alten und Neuen Hafen zu lieben. Das war unser planerisches Ziel. Hier sollte nicht nur eine Touristenattraktion entstehen. Unter den vielen positiven Reaktionen war nur eine negativ."

Ute Bartels, Landschaftsarchitektin der BIS Bremerhaven

Die Landschaftsplanung ist Teil des Städtebaulichen Rahmenplans, den die Bremerhavener Stadtverordnetenversammlung im Jahr 2001 für das Gebiet Alter/Neuer Hafen verabschiedet. Oberste Maxime: Die Kajen entlang der Hafenbecken sollen rundum begehbar sein und die neuen Promenaden zugleich die technische Infrastruktur aufnehmen. Tilmann Latz und die BIS Bremerhaven meistern die Herausforderung in professioneller Teamarbeit.

Für das Bild der *Havenwelten* wählen die Landschaftsarchitekten bewusst eine robuste Formensprache. Mit sicherem Gespür für Materialien, die historisch im Hafen üblich sind, überziehen sie den neuen Teil der Stadt mit einem Teppich aus Granitpflaster, der Ruhe und Großzügigkeit ausstrahlt. Die Natursteine in ihrer grauen, gelb- oder rötlichen Tönung entfalten ihre Farbgebung noch dazu bei Regen in einem besonders eigenwilligen Glanz. Für die Hauptwege wird das Pflaster gesägt und bietet mit seinen glatten Oberflächen bequemen Gehkomfort. An den Kajenkanten bleiben die Natursteine bruchrau und signalisieren den Besuchern damit „Achtung, hier mit Vorsicht bewegen". Nur an ausgewählten Plätzen wird die Struktur unterbrochen. Auf diesen so genannten Trittsteinen dominieren Stahl, Sandstein und zertifiziertes Tropenholz – Materialien, die ebenfalls zur Szene passen. Auch die Möblierung nimmt Bezug auf zur Geschichte und Geografie der Stadt. Bänke, Lichtmasten, Radbügel und Papierkörbe werden speziell für die *Havenwelten* neu entwickelt und säumen fast durchgängig als anthrazitfarbene Stahlelemente die Kajen, Plätze und Promenaden. Sie wirken unverwüstlich.

„Nur was altern kann, hat Bestand."

Landschaftsarchitekt Tilmann Latz zur Möblierung

Selbst die Pflanzen sind auf den Standort Küste und Hafen abgestimmt. Die Landschaftsarchitekten setzen Arten wie Ahorn, Eichen, Erlen, Hainbuchen und Flügelnuss ein. Die Bäume nehmen es auf mit den salzhaltigen Kleiböden und lassen sich auch von starken Windböen nicht gleich umhauen.

Die einzelnen Attraktionen der Havenwelten werden über einheitlich gestaltete Freiräume architektonisch miteinander verbunden.

AUF EINEN BLICK:

PROJEKT:
Freiraumgestaltung/Infrastruktur

BAUHERR:
Bremerhavener Entwicklungsgesellschaft Alter/Neuer Hafen mbH & Co. KG (BEAN)

PROJEKTSTEUERUNG:
BIS Bremerhaven, Gesellschaft für Investitionsförderung und Stadtentwicklung mbH

PLANER:
Arge Latz + Partner, Kranzberg/Latz-Riehl-Partner, Kassel

FREIANLAGEN:
rund 9,5 Hektar

INVESTITION:
22 Millionen Euro

ERSCHLIESSUNGSMASSNAHMEN:
Kajen: ca. 1700 Meter

VERSORGUNGSLEITUNGEN:
Elektro: ca. 9000 Meter
Gas: ca. 3000 Meter
Wasser: ca. 4500 Meter
Fernwärme: ca. 1500 Meter

ENTSORGUNG:
Schmutzwasserkanal:
ca. 4500 Meter
Niederschlagswasserkanal:
ca. 5000 Meter
Druckleitung: ca. 1300 Meter
Pumpwerke: 4

BAUBEGINN: 2002

FERTIGSTELLUNG
NEUER HAFEN: 2005

FERTIGSTELLUNG
ALTER HAFEN: 2009

AUSGEZEICHNET:
International Architecture Award 2008,
Deutscher Städtebaupreis 2009

Flutlicht ist tabu. Die dezente Beleuchtung der historischen Bauten wirkt auch neben dem Topplicht der Masten-Garde.

TOPPLICHTER BLAU WIE DAS MEER

Ein Schlüssel zum Erfolg ist das Licht in den *Havenwelten*. Die Landschaftsarchitekten von Latz + Partner übernehmen dafür die Regie. Anstatt das Areal mit hohen Flutern auszuleuchten, setzen sie auf ausgesuchte Effekte und eine intime Stimmung. Entscheidend für die Wirkung des neuen Lichtdesigns sind 98 Multifunktionsmasten. Die 14 Meter hohen Laternen setzen die Havenwelten wie ein Bühnenbild in Szene. Aus mittlerer Höhe fällt weiches Licht auf die Promenade. Hoch oben an den Mastspitzen aber leuchten Topplichter blau wie das Meer und legen eine futuristische Spur durch die nächtliche Welt am Meer.

„Erst sollten die Laternenmasten aus Holz sein. Wir sollten uns die Bäume im brasilianischen Regenwald auch noch selbst aussuchen. Aber das erschien uns doch als etwas zu aufwändig.“

Volkert Osterloh, Projektleiter der BIS Bremerhaven

Die 98 Leuchten markieren die Havenwelten von der Holländerbrücke bis zur Schleusenstraße und sind langfristig als abendliche Verbindung vom illuminierten Radarturm der Wasser- und Schifffahrtsverwaltung im Süden bis hin zum technisch ausgeleuchteten Containerterminal im Norden gedacht. Die Stadt hat sie speziell für die *Havenwelten* anfertigen lassen und funktional mit mehreren Besonderheiten versehen. Neben allen Vorrichtungen für Rettungsringe, Versorgungskästen und Bootshaken sind seitlich längliche, drehbare Ösen aus Stahl angebracht, damit die Flaggenparade immer richtig im Wind steht.

Die Laternen übernehmen darüber hinaus eine Funktion als Treffpunkt für Besucher. Jeder Mast ist nummeriert und mit Vogelmotiven gekennzeichnet. Die Lampe „NOK 22“ steht zum Beispiel als 22. Laterne im Neuen Hafen (N) an der Ostkaje (OK).

Im gesamten Areal wird die Beleuchtung auf das unbedingt notwendige Maß beschränkt. Jede Form von Blendwirkung soll unterbleiben. Entlang der Hafenbecken erzeugen strahlungsreduzierte Leuchten ein ruhiges, gleichmäßiges Licht, an Kajen wird es zurückhaltend in die Steigleitern integriert, und an den Bäumen sind es Bodenstrahler, die eine anheimelnde Atmosphäre verbreiten – gerade so, wie es zu einem Abendspaziergang passen mag. Historische Bauten werden mit ver-

stärktem Licht, aber immer noch dezent hervorgehoben. Zu diesen Schmuckstücken gehören der Simon-Loschen-Turm und das Seeamt sowie die Klappbrücken am Eingang der *Havenwelten* – ein technisches Meisterwerk der damaligen Zeit. Sie sind authentisch für Bremerhaven, schaffen Identität und stehen in der Wertigkeit ganz oben.

Der Münchener Lichtdesigner Gerd Pfarré wird dafür gewonnen, speziell für die historischen Bauten die Beleuchtung zu inszenieren und in das Gesamtkonzept einzubetten. Den Simon-Loschen-Turm setzt Pfarré mit Bodenstrahlern, einigen wenigen Strahlern an vorhandenen Masten und mit ausgeleuchteten Fenstern in

Szene. Ein Konzept, für das Pfarré 2006 in New York mit dem „Energy and Environmental Design Award“ ausgezeichnet wird, also für eine energieeffiziente Ausleuchtung. Die historischen Klappbrücken am Eingang der *Havenwelten* betont der Designer in ihren waagerechten Linien über speziell angefertigte LED-Leuchten. Auf der Innenseite in Weiß, auf der weithin sichtbaren Außenseite in leuchtendem Grün auf grünem Stahl, was die Wirkung noch verstärkt. Mit einer indirekten Innenbeleuchtung setzt Pfarré die beiden daneben stehenden Maschinenhäuser und den Steuerstand ins Licht. Dezent angestrahlt, ergänzt das Seeamt das Ensemble. Das Lichtkonzept für die Havenwelten wird in seiner Gesamtheit in New York mit dem weltweit berühmten „IIDA International Illumination Design Award of Merit“ ausgezeichnet. Auch bei dem internationalen Wettbewerb um den „City.People.Light Award 2007“ erhält Bremerhaven gemeinsam mit 22 anderen Städten einen Preis und steht damit auf einer Stufe mit Zentren wie Madrid, Rom, Istanbul, Indianapolis, Brüssel oder Genf. Die Jury lobt vor allem, dass die Lichtinszenierung den typischen Charakter eines industriellen Hafens betont.

98 Multifunktionsmasten mit blauen Topplichtern tauchen die Hafenszenerie in ein futuristisches Licht.

AUF EINEN BLICK:

PROJEKT: Lichtdesign

BAUHERR: Bremerhavener Entwicklungsgesellschaft Alter/Neuer Hafen mbH & Co. KG (BEAN)

PROJEKTSTEUERUNG: BIS Bremerhaven, Gesellschaft für Investitionsförderung und Stadtentwicklung mbH

PLANUNG:
Arge Latz + Partner,
Kranzberg/Latz-Riehl-Partner, Kassel

LATERNEN: 98 Multifunktionsmasten

INVESTITION: 900 000 Euro

BAUBEGINN: 2004

FERTIGSTELLUNG: 2005

AUSGEZEICHNET:
City.People.Light Award 2007;
IIDA International Illumination Design Award of Merit 2009, New York

---

PROJEKT: Illuminierung des Simon-Loschen-Turms und historische Klappbrücken

KONZEPT: Lichtdesigner
Gerd Pfarré, München

BAUHERR: Bremenports GmbH & Co. KG

INVESTITION: 34 000 Euro

FERTIGSTELLUNG: 2005

AUSGEZEICHNET:
Energy and Environmental Design Award;
IDA International Illumination Design Award of Excellence;
City.People.Light Award 2007

DIE NEUEN KAJEN

Die Kajen im Alten und Neuen Hafen werden von 2001 bis 2005 fast komplett neu gebaut. Ein Kraftakt über 1700 Meter Länge, der Kosten in Höhe von 23 Millionen Euro verursacht.
Die Anfang des 19. Jahrhunderts gebauten Kajen waren zum Teil derart marode, dass sie für den Verkehr gesperrt werden mussten. Bohrmuscheln (lat.: Teredo navalis) hatten über Jahrzehnte die Holzpfähle der Gründung durchlöchert und so die Tragfähigkeit immer weiter vermindert.

Stein für Stein prägen die neuen Kajen historische Orte.

Nur im Alten Hafen ist es noch möglich, die alte Kaje mit einer davor gerammten Spundwand zu schützen. Sie stammt noch aus der Gründerzeit der Stadt und soll unbedingt erhalten bleiben. An der Ostseite der sanierten Kaje wird ein Steg dekorativ an den historischen Schiffen des Deutschen Schiffahrtsmuseums vorbeigeführt. Hier stehen Bänke mit Blick direkt auf die Bark „Seute Deern“. Auch auf der Westseite des Alten Hafens wird ein Steg entlanggeführt. Besucher können den Alten Hafen jetzt auf Wasserhöhe umrunden.

Im Neuen Hafen lässt die Stadt die Kajen komplett erneuern und mit Pollern, Steigleitern, Scheuerleisten, Ösen und Versorgungseinrichtungen wie Strom-, Telefon- und Wasseranschluss für Schiffe ausrüsten. Dabei achten die Planer immer darauf, das historische Gesamtbild zu erhalten. So wird zwar im Neuen Hafen eine komplett neue Wand gerammt, aber die Ansicht mit einem roten Klinker gestaltet, um den historischen Bezug zu wahren.

Wert legen die Architekten auf unterschiedliche Kajenhöhen auf beiden Seiten des Neuen Hafens. Das kommt kleineren Schiffen entgegen. Am ehemaligen Lloyddock reichen großzügige Treppenanlagen bis an die Wasserkante heran. Auch am Lloydplatz führt eine Treppe hinunter zum Hafenbecken. Hier wie dort erleben Besucher Wasser im Sinne des Wortes hautnah.

Die aufwändige Erneuerung der Kajen ist allen Beteiligten extrem wichtig, denn sie prägen genau wie die historischen Bauten die Identität des Ortes.

Was noch zu sanieren bleibt, ist die Kaje im Verbindungskanal zwischen Altem und Neuem Hafen sowie ein etwa 300 Meter langes Ende im Nordosten des Neuen Hafens.

AUF EINEN BLICK:

PROJEKT: Kajenbauwerke

BAUHERR:
Bremerhavener Entwicklungsgesellschaft Alter/Neuer Hafen mbH & Co. KG (BEAN)

PROJEKTTRÄGERSCHAFT:
BIS Bremerhaven, Gesellschaft für Investitionsförderung und Stadtentwicklung

PLANER:
WTM Engineers, Hamburg,
KSF Feld + Partner, Bremerhaven;
Arge Latz + Partner, Kranzberg/
Latz-Riehl-Partner, Kassel

INVESTITION:
insgesamt 23 Millionen Euro, davon entfallen auf die

WESTKAJE NEUER HAFEN:
4,5 Millionen Euro

WESTKAJE ALTER HAFEN:
5,6 Millionen Euro

SÜDOSTKAJE NEUER HAFEN:
3,6 Millionen Euro

OSTKAJE NEUER HAFEN:
9,3 Millionen Euro

BAUBEGINN: 2001

FERTIGSTELLUNG: 2005

AUF EINEN BLICK:

PROJEKT:
Freiraum Schleusenumfeld

BAUHERR:
Bremerhavener Entwicklungsgesellschaft Alter/Neuer Hafen mbH & Co. KG (BEAN)

PROJEKTSTEUERUNG:
BIS Bremerhaven, Gesellschaft für Investitionsförderung und Stadtentwicklung mbH

FREIRAUMPLANUNG:
Arge Latz + Partner, Kranzberg/ Latz-Riehl-Partner, Kassel

FLÄCHE:
0,7 Hektar

INVESTITION:
1,75 Millionen Euro

BAUBEGINN:
2005

FERTIGSTELLUNG:
2005

SCHLEUSENGARTEN ÖFFNET HERZEN

Der Schleusengarten gehört zu den beliebtesten Plätzen in der Stadt. Viele Bremerhavener kennen diesen Ort aus ihrer Kindheit und verbinden viele Erinnerungen damit. Die Projektsteuerer der BIS und deren Partner wollen den Garten deshalb unbedingt erhalten. Um ihre Ideen umzusetzen, müssen sie allerdings viel Überzeugungskraft, Engagement und Liebe zum Detail einsetzen. Aber vielleicht hat gerade dies dazu geführt, dass der Schleusengarten am Ende besonders schön ausfällt und immer noch Emotionen weckt. Nicht nur die Bremerhavener lieben diesen Platz …
Vor dem windgeschützten Garten mit seinem alten Baumbestand laden Bänke mit hohen, geschwungenen Rückenlehnen zum Ausruhen ein. Aber auch zum Hingucken. Vom Schleusengarten aus eröffnen sich Blickwinkel auf die Wesermündung, den Betrieb der Sportbootschleuse, den Zoo am Meer, den Simon-Loschen-Turm und die vorbei ziehenden Schlepper und Yachten.
Genauso lädt das Umfeld der Schleuse und des Simon-Loschen-Turms zum Verweilen ein. Rasen und Kopfsteinpflaster umsäumen den roten Backsteinbau. Das Bremerhavener Oberfeuer ist nach wie vor in Betrieb und der kleine Salon im Inneren ab und zu romantischer Ort einer Trauungszeremonie.

Den Loschen-Turm ist umgeben von Raum für Erholung.

ERHOLUNG IM LLOYDDOCK

Bremerhavener Geschichte wird im 1870/71 gebauten ehemaligen Lloyddock am Neuen Hafen geschrieben. Der Norddeutsche Lloyd ließ hier einst Auswandererschiffe und andere Dampfer reparieren. Heute breitet sich in dem früheren Zwillingsdock ein maritimer Park aus und laden geschwungene Bänke mit hohen Rückenlehnen zur Erholung ein. Das ehemalige Trockendock ist mit einer 150 Meter langen und 36 Meter breiten Wiese überzogen. Die verbliebenen Altlasten werden dadurch gedeckelt und gesichert. Ein Komplettaushub des Docks zur vollständigen Rekonstruktion hätte den Kostenrahmen gesprengt.
Restauriert und in das Gesamtkonzept eingebunden wurden schließlich noch vorhandene Elemente wie die Kranfundamente, die westlichen Außenkanten und vor allem die Dockeinfahrt. Die Seitenwände des Docks wurden originalgetreu wieder als Holzwände aufgebaut. Über großzügige Treppenstufen gelangt der Spaziergänger jetzt bis an die Wasserkante der früheren Einfahrt heran.

Die Außenkanten und die Einfahrt des Lloyddocks sind noch klar zu erkennen. Die grüne Wiese nahe der Marina lädt zum Verweilen ein.

AUF EINEN BLICK:

PROJEKT:
Rekonstruktion des Lloyddocks

BAUHERR:
Bremerhavener Entwicklungsgesellschaft Alter/Neuer Hafen mbH & Co. KG (BEAN)

PROJEKTSTEUERUNG:
BIS Bremerhaven, Gesellschaft für Investitionsförderung und Stadtentwicklung mbH

FREIRAUMPLANUNG:
Arge Latz + Partner, Kranzberg/Latz-Riehl-Partner, Kassel

INVESTITION:
1,1 Millionen Euro

BAUBEGINN:
2004

FERTIGSTELLUNG:
2005

FUSSGÄNGERBRÜCKE MIT SCHWUNG

Zum Lloyddock führt der Weg über eine elegant s-förmig geschwungene Holzbrücke. Sie verläuft über die ehemalige Einfahrt zum Lloyddock und verbindet mit einer Spannweite von gut 23 Metern die beiden historisch restaurierten Einfahrtsköpfe.
Die Brücke vollendet zugleich die Promenade entlang der Westkaje.
Die Gestaltung der Brücke reflektiert die Geschichte des Ortes, während sich Form und Material auf den Schiffbau beziehen. Die Konstruktion wird an einem Pylon aus Stahl mit dünnen Zugstäben abgespannt. Der Brückenkörper selbst ist mit kräftigen Bohlen belegt – ähnlich wie an Deck eines Schiffes.
Die Beleuchtung verbirgt sich geschickt als LED-Band im Geländer und richtet sich auf die gekrümmte Oberfläche des Bohlenbelags. So bietet sie den Passanten

eine gute Ausleuchtung, fügt sich aber von weitem gesehen zurückhaltend in das Gesamtensemble ein.

„Die Brücke bis zur Sail 2005 fertig zu stellen, war ein Wettrennen gegen die Uhr. Wir hörten schon die Böllerschüsse zur Eröffnung, als die Brücke abgenommen und das Band durchgeschnitten wurde. Ein tolles Erlebnis für alle Beteiligten.“

Volkert Osterloh

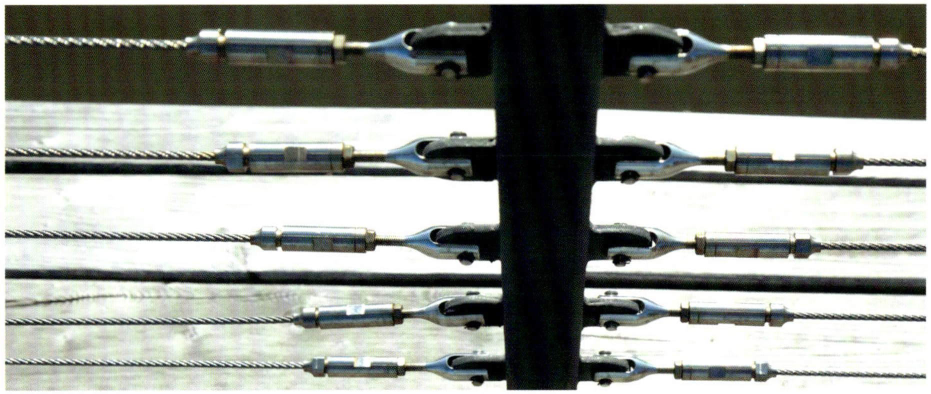

Schwingt mit im Ensemble der Havenwelten: die Fußgängerbrücke wird in letzter Minute vor der Sail 2005 fertig.

AUF EINEN BLICK:

PROJEKT:
Fußgängerbrücke am Lloyddock

BAUHERR:
Bremerhavener Entwicklungsgesellschaft Alter/Neuer Hafen mbH & Co. KG (BEAN)

PROJEKTSTEUERUNG:
BIS Bremerhaven, Gesellschaft für Investitionsförderung und Stadtentwicklung mbH

OBJEKTPLANUNG:
Arge Latz + Partner, Kranzberg/Latz-Riehl-Partner, Kassel

TRAGWERKSPLANUNG:
Planungsgesellschaft Dittrich, München

INVESTITION:
500 000 Euro

BAUBEGINN:
2005

FERTIGSTELLUNG:
2005

KLAPPBRÜCKEN SCHIMMERN SCHILFGRÜN

Der gesamte Verkehr, der in die neuen *Havenwelten* rollt, wird über zwei historische Klappbrücken in Verlängerung der Keilstraße abgewickelt. Auch die Schiffe des Museumshafens können nur unter diesen Klappbrücken ein- und ausfahren. So haben die Bauwerke gleich in dreifacher Hinsicht ihre herausragende Bedeutung: als Denkmal, als Zufahrt zu den Erlebniswelten und als Verbindung zum Museumshafen.

Gebaut wurden die Klappbrücken 1926 bis 1928, um den Verbindungskanal zwischen dem Alten und dem Neuen Hafen zu überbrücken. Ein Steuerstand und zwei Motorhäuser, geschmückt mit Stilelementen aus der Gotik und aus dem Expressionismus, ergänzen das Ensemble. Tech-

nik wurde in den 20er Jahren gern mit ästhetischen Ansprüchen gekoppelt.
Eine Brücke war einst für die Eisenbahn gedacht, die zweite für den übrigen Verkehr. Um sie aufzuklappen, setzen Elektromotoren unterirdisch Antriebswellen in Bewegung.
2002 werden die beiden architektonischen Schmuckstücke komplett saniert. Da die Eisenbahn in diesem Bereich nicht mehr fährt, wird eine Brücke für die Fußgänger hergerichtet, die zweite für den fließenden Verkehr.

„Einmal mussten wir einen Teil der Klappbrücke mit dem Autokran anhieven. Dabei gingen einige Zugstangen zu Bruch, aber wir waren heilfroh, dass nicht mehr passiert ist.“

Volkert Osterloh

Farblich erscheint die stählerne Konstruktion in Schilfgrün. Eine Farbe, die von der Denkmalschutzbehörde zusammen mit dem Amt für Straßen- und Brückenbau ausgesucht wurde, weil sie dem ursprünglichen Anstrich am nächsten kommt.

Mit den Klappbrücken öffnen sich die Havenwelten. Sie schimmern in Schilfgrün und abends im weichen Kontrast zu moderner Architektur.

AUF EINEN BLICK:

PROJEKT: Sanierung historischer Klappbrücken

BAUHERR: Bremerhavener Entwicklungsgesellschaft Alter/Neuer Hafen mbH & Co. KG (BEAN)

PROJEKTSTEUERUNG:
BIS Bremerhaven, Gesellschaft für Investitionsförderung und Stadtentwicklung mbH

PLANER: Dr. Ropers Partner, Bremen

INVESTITION: 300 000 Euro

BAUBEGINN: 2002

FERTIGSTELLUNG: 2002

PROJEKT: Lichtplanung an der Klappbrücke

BAUHERR: Bremerhavener Entwicklungsgesellschaft Alter/Neuer Hafen mbH & Co. KG (BEAN)

PROJEKTSTEUERUNG:
BIS Bremerhaven, Gesellschaft für Investitionsförderung und Stadtentwicklung mbH

PLANER: Pfarré Lighting Design, München

INVESTITION: 90 000 Euro

BAUBEGINN: 2005

FERTIGSTELLUNG: 2005

AUF EINEN BLICK:

PROJEKT:
Neubau Brücke Schleusenstraße

BAUHERR:
bremenports GmbH & Co.KG, Bremerhaven
und
Bremerhavener Entwicklungsgesellschaft Alter/Neuer Hafen mbH& Co. KG (BEAN)

INVESTITION:
5 Millionen Euro

BAUBEGINN:
2003

FERTIGSTELLUNG:
2003

IN VERBINDUNG MIT DEM HAFEN

Am nördlichen Ende der Havenwelten baut die Hafengesellschaft bremenports 2003 die Brücke an der Schleusenstraße neu. Ehemals getrennte Drehbrücken für Züge und den übrigen Verkehr werden zu einer Brücke zusammengefasst. Die neue Querung verbindet die Häfen im Überseegebiet mit dem regionalen Straßennetz. Die Schleusenstraße und die dazu gehörende Schleusenbrücke bilden das nördliche Ende des Entwicklungsgebietes und gleichzeitig die Hoheitsgrenze zwischen der Kommune Bremerhaven (im Süden) und der Stadt Bremen (im Norden).

Ursprünglich sollte die Brücke so hoch gebaut werden, dass die Schiffe der Hafenrundfahrt darunter passen. Aber das hätte den freien Blick bis zum Containerterminal versperrt. Zudem ist eine Klappbrücke in Aktion für Touristen auch eine Attraktion. Der Neubau wurde notwendig, weil der ins Hafengebiet zielende Schwerlastverkehr nunmehr über diese Brückenverbindung abgewickelt werden muss und nicht mehr durch das Havenwelten-Entwicklungsgebiet fahren kann.

Die Brücke an der Schleusenstraße bildet die Zufahrt zum Hafengebiet.

FESTPLATZ NAHE DEN KASTANIEN

Die Sail Bremerhaven braucht Platz. Im Hafen für die Windjammer, an Land für die Messehallen, Verkaufsstände und kulinarischen Genussecken. Die Flächen vor der Strandhalle und dem Zoo am Meer bleiben deshalb unbebaut. Ob während der Sail oder dem jährlichen „Basar maritim“: geschlendert wird entlang der Lale-Andersen-Kaje, die sich vom Touristenzentrum „Hafeninsel“ im Süden bis zur Sportbootschleuse hinzieht. Sind keine Festtage angesagt, dient das Areal entlang der Kaje als Parkplatz. Selbst dort haben die Landschaftsarchitekten mit besonderen Markierungen Akzente gesetzt und gleichzeitig an den praktischen Nutzen gedacht. So erlauben Steckbügelsysteme, den Platz auch nur in Teilen zu nutzen. Nach Norden hin steigt das Gelände über Schotterrasen bis knapp unter die Deichoberkante an. Dort breitet sich das Kastanienplateau aus, ein grünes Kleinod mit einem alten Bestand an Rosskastanien. Auch von diesem halbhohen Plateau genießt der Besucher beeindruckende Ausblicke auf den Neuen Hafen und noch viel mehr …

„Sternstunden hatten wir immer dann, wenn wir rechtzeitig zu einer Sail oder Festwoche fertig wurden.“
Ute Bartels

Entlang der Lale-Andersen-Kaje verläuft die Festmeile. Sie mündet im Kastanienplateau.

AUF EINEN BLICK:

PROJEKT:
Freiraumgestaltung Festplatz

BAUHERR:
Bremerhavener Entwicklungsgesellschaft Alter/Neuer Hafen mbH & Co. KG (BEAN)

PROJEKTSTEUERUNG:
BIS Bremerhaven, Gesellschaft für Investitionsförderung und Stadtentwicklung mbH

FREIRAUMPLANUNG:
Arge Latz + Partner, Kranzberg/Latz-Riehl-Partner, Kassel

FLÄCHE:
0,9 Hektar

INVESTITION:
1,2 Millionen Euro

BAUBEGINN:
2004

FERTIGSTELLUNG:
2005

EINGANG ZUR WELT AM MEER – DER LLOYDPLATZ

Der Lloydplatz öffnet sich wie ein „Fenster zum Hafen". In Verlängerung der Lloydstraße liegt er im Zentrum einer Sichtachse, die von der Innenstadt über den Neuen Hafen bis hin zum historischen Simon-Loschen-Turm reicht.

„Überall müssen interessante Blickwinkel bleiben. An der Kaje am Lloydplatz sollte ein Großsegler festmachen – für immer. Der würde dann schon von weitem gesehen – und wir könnten auf Wegweiser verzichten."

Dr. Henning Budelmann,
Leiter des Stadtplanungsamtes

Die Materialien sind überwiegend aus Holz gewählt und vermitteln im

rauen Seeklima eine einladende, warme Atmosphäre.
Wie ein Schiffsdeck liegt auf dem Natursteinteppich eine um fast 20 Zentimeter erhöhte Plattform aus wetterfestem Tropenholz. Ein Platz auf dem Platz, der sich gut für kleine Veranstaltungen eignet.
16 Meter hoch sind Scheinwerfer und Strahler für eine farbige Zusatzbeleuchtung montiert.
Komfortabel sitzen lässt es sich auf 20 Meter langen Bänken mit großen, geschwungenen Rückenlehnen. Geschickt unter diesen „Flow-Bänken“ versteckt liegen Versorgungsanschlüsse für die großen Festveranstaltungen in der Stadt.

Ein herausragender Trittstein der Havenwelten ist der Lloydplatz. Ausgelegt mit wetterfestem Tropenholz, können hier auch kleine Veranstaltungen über die Bühne gehen.

AUF EINEN BLICK:

PROJEKT:
Freiraumgestaltung Lloydplatz

BAUHERR:
Bremerhavener Entwicklungsgesellschaft Alter/Neuer Hafen mbH & Co. KG (BEAN)

PROJEKTSTEUERUNG:
BIS Bremerhaven, Gesellschaft für Investitionsförderung und Stadtentwicklung mbH

FREIRAUMPLANUNG:
Arge Latz + Partner, Kranzberg/Latz-Riehl-Partner, Kassel

FLÄCHE:
0,25 Hektar

INVESTITION:
350 000 Euro

BAUBEGINN:
2003

FERTIGSTELLUNG:
2003

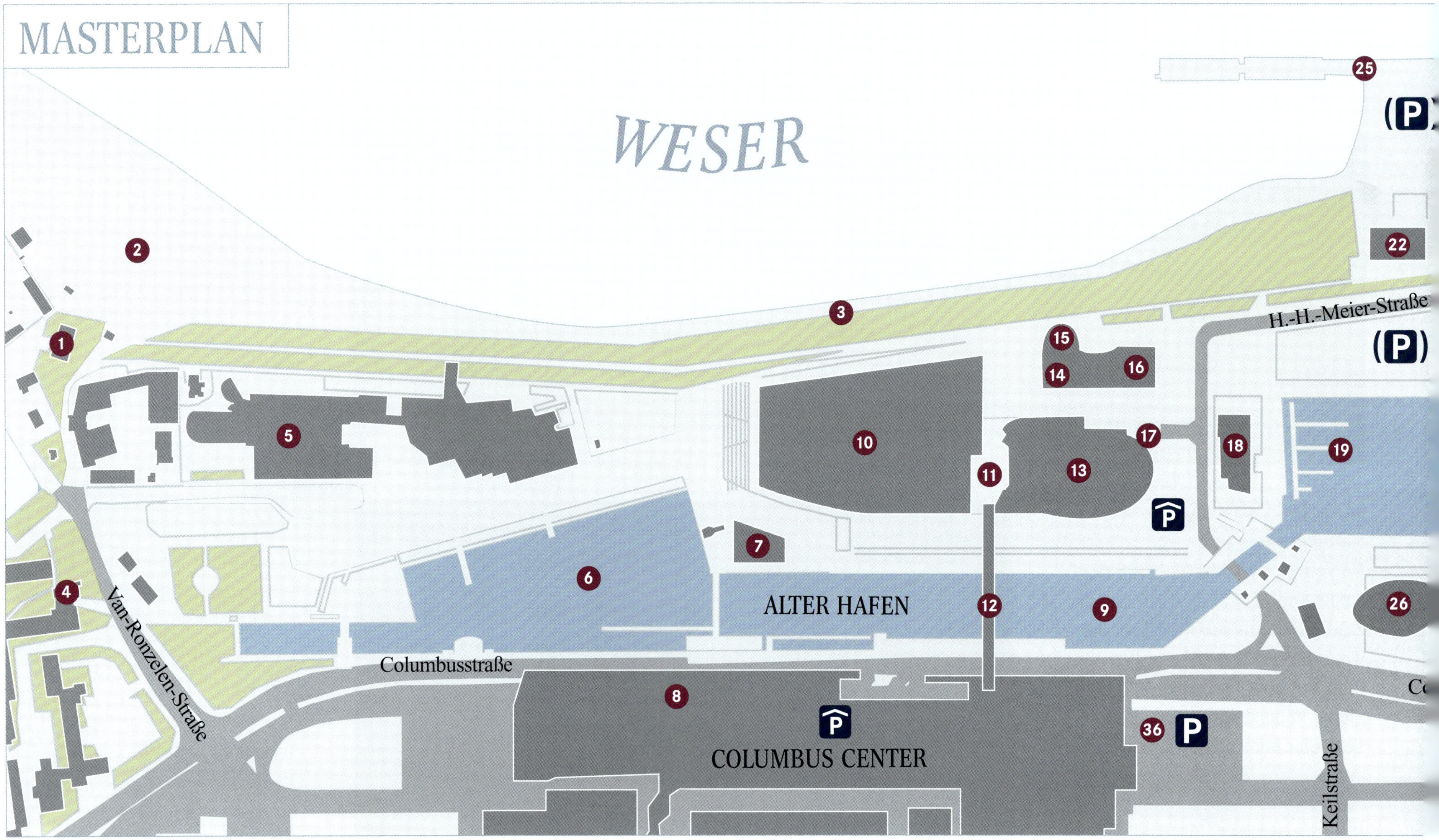

1 Bürogebäude mit Restaurant
2 Weserstrandbad
3 Deich Weserpromenade
4 Radarturm mit Aussichtsplattform
5 Deutsches Schiffahrtsmuseum
6 Museumshafen
7 Speicher
8 Columbus Center
9 Alter Hafen
10 Mediterraneo
11 Havenplaza
12 Havenbrücke
13 Klimahaus® Bremerhaven 8° Ost
14 Bremerhaven Sail City
15 Aussichtsplattform Sail City
16 Conference Center
17 Parkgarage Havenwelten
18 TouristCenter Hafeninsel
19 Traditionsschiffe
20 Neuer Hafen

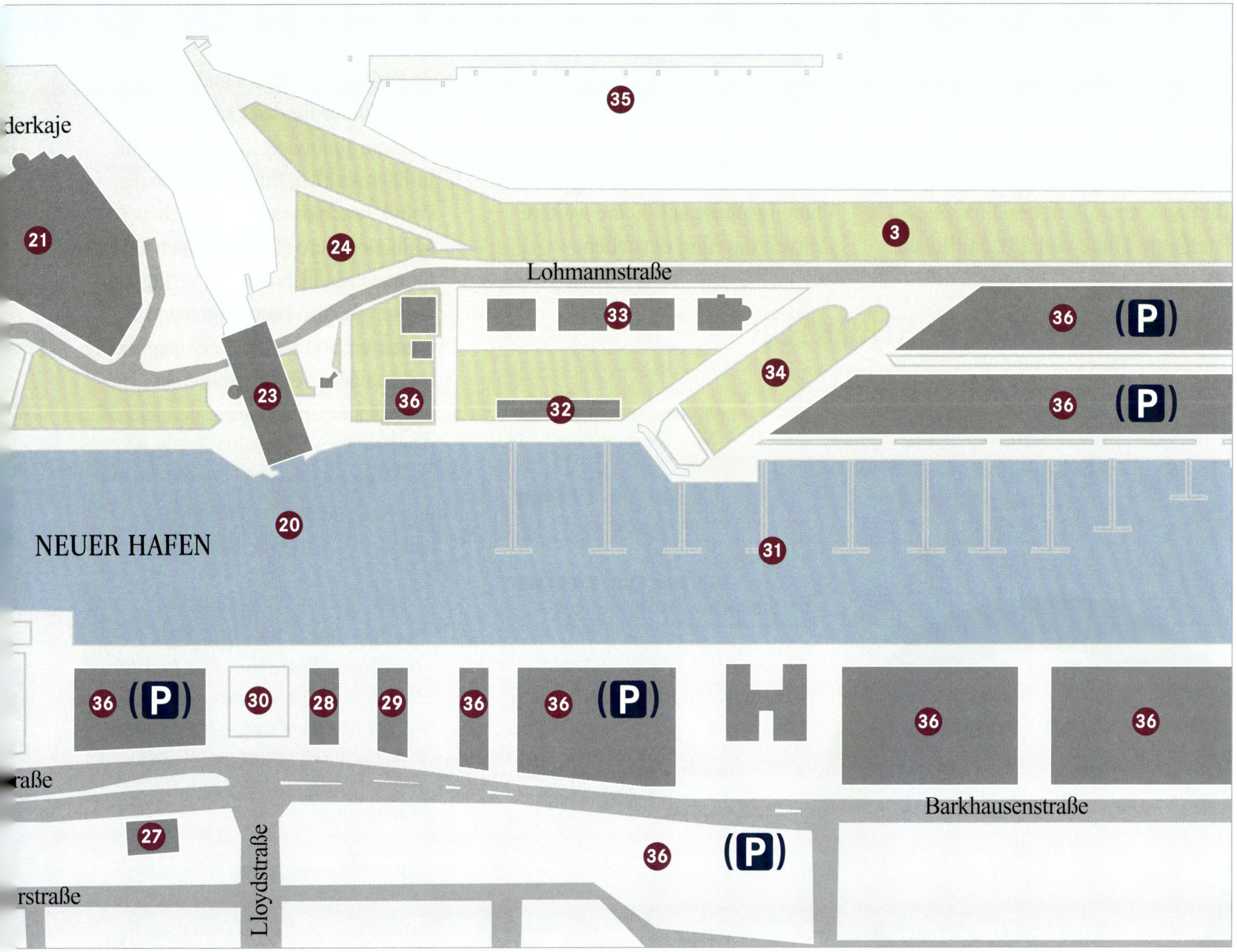

21 Zoo am Meer
22 Strandhalle
23 Schleuse Neuer Hafen und Simon-Loschen-Leuchtturm
24 Schleusengarten
25 Seebäderkaje
26 Deutsches Auswandererhaus®
27 t.i.m.e.Port I
28 t.i.m.e.Port II
29 t.i.m.e.Port III
30 Lloyd-Platz
31 Lloyd-Marina
32 Boardinghouse
33 Wohnen am Deich
34 Lloyd-Dock
35 Schlepperpier
36 Entwicklungsflächen

HAVENWELTEN	ERÖFFNUNG
Alter Hafen	1830
Neuer Hafen	1852
Tiergrotten	1928
Radarturm	1965
Bark „Seute Deern“ im Alten Hafen	1966
Deutsches Schiffahrtsmuseum	1975
Sanierung der Strandhalle	1989
Technologiepark t.i.m.e.Port I	2002
Hafeninsel	2003
Zoo am Meer	2004
Sportbootschleuse Neuer Hafen	2005
Deutsches Auswandererhaus	2005
Technologiepark t.i.m.e.Port II	2006
Lloyd-Marina	2006
Wohnen am Deich/1. BA	2007
Boardinghouse Marina	2008
Aussichtsplattform	2008
Bremerhaven Sail City	2008
Conference Center	2008
Glasbrücke	2008
Mediterraneo	2008
Technologiepark t.i.m.e.Port III	2008
Klimahaus	2009
Wohnen am Deich/2.BA	2009

MIT STRAFFEN STRUKTUREN UNGEWÖHNLICHE HERAUSFORDERUNG GEMEISTERT

DIE FINANZIERUNG

Im Jahr 1999 zeichnet sich ab, dass es nicht gelingen würde, das Vorläuferprojekt der Havenwelten, den Ocean Park, über private Investoren zu realisieren. Die Wirtschaftsförderungsausschüsse des Landes und die politischen Gremien in Bremerhaven erneuern aber ihre Bereitschaft, das 1998 für den Ocean Park beschlossene Budget in Höhe von 271 Millionen Euro (540 Millionen DM) für einen Neubeginn der Planung und erste bauliche Maßnahmen zur Verfügung zu stellen. Nach mehrjähriger Planungsphase soll keine weitere Zeitverzögerung entstehen.

PROJEKTBEZOGENE KOSTENSTRUKTUR

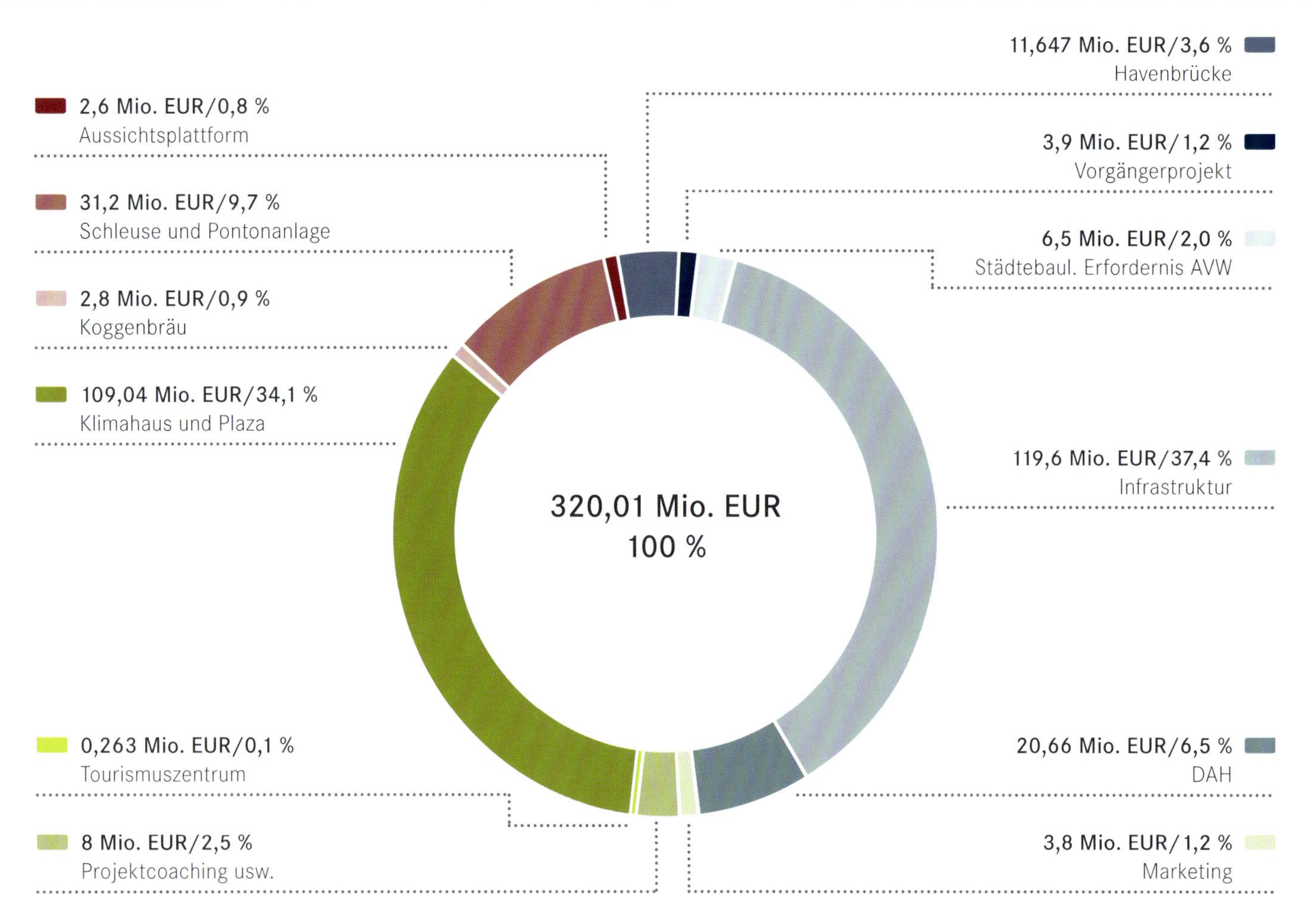

Aufsetzend auf Überlegungen zur Infrastruktur für den Ocean Park, wird ein Teilbudget „Projektneutrale Infrastruktur“ definiert und von der Politik beschlossen. Somit stehen 86 Millionen Euro (172 Millionen DM) für erste Maßnahmen zur Verfügung. Umsetzen, also beauftragen und finanzieren, soll sie die 1999 gegründete kommunale Projektgesellschaft „Bremerhavener Entwicklungsgesellschaft Alter/Neuer Hafen mbH & Co. KG“. Die Zuwendungsgeber Land Bremen und Stadt Bremerhaven sollen im Verhältnis 2/3 zu 1/3 die Kosten tragen.

„Über dieses Beteiligungsverhältnis zwischen dem Land Bremen und der Stadt Bremerhaven hat es nie eine beschlussmäßige Festlegung gegeben. Es war jedoch eine akzeptierte Aufteilung.“

Jürgen Adelmann, zu dieser Zeit noch zuständiger Abteilungsleiter im Wirtschaftsressort des Senats, kurz darauf Geschäftsführer der BIS.

Für das Projekt Havenwelten gilt somit der seit 1998/99 beschlossene Finanzrahmen. Er wird im Jahr 2003 noch einmal aufgestockt um 20,5

Millionen Euro für das neu hinzugefügte Projekt Deutsches Auswandererhaus.

Um ein möglichst reibungsloses Zusammenarbeiten zwischen Zuwendungsgebern und Zuwendungsempfängern zu organisieren, beschließt die Politik, auf Verwaltungsebene einen Lenkungsausschuss einzusetzen.

Unter Federführung der BEAN sind von Beginn an alle zu beteiligenden Ämter und Institutionen in diesem Lenkungsausschuss vertreten. In bisher mehr als 70 Sitzungen werden einmal monatlich alle aktuellen Probleme und Sachstände ausgetauscht und erörtert.

Die Aufgabe der BEAN mbH & Co. KG ist mit mehreren wesentlichen Aspekten verbunden:

1. Die Entwicklung des Projektes soll nunmehr unter kommunaler Hoheit geschehen. Damit zieht die Kommunalpolitik die Konsequenzen aus der missglückten „Ocean-Park-Planung", deren private Finanzierung über Immobilienfonds nicht gelungen war. Das notwendige Umdenken führt zu der Bereitschaft, in die neu zu planende touristische Großattraktion öffentlich zu investieren, sie allerdings privat betreiben zu lassen.

2. Mehrere Steuer- und Wirtschaftsprüfungsbüros empfehlen für die Umsetzung die gesellschaftsrechtliche Konstruktion einer GmbH & Co. KG, um so Steuernachteile zu vermeiden, die bei einer Umsetzung des Projektes durch öffentliche Ämter entstanden wären.

Diese von der Geschäftsführung der BEAN verfolgte Strategie erhielt letztlich – nach langer Prüfungsphase innerhalb der Finanzverwaltung – im Jahr 2009 ihre Bestätigung: rund 90 Prozent der von der BEAN mbH & Co. KG angemeldeten Vorsteuern fließen auf diesem Wege zurück in das Projekt, das heißt: rund 40 Millionen Euro.

Ab dem Jahr 2000 beginnt die zügige und an Dynamik zunehmende Entwicklung des Projekts. Die mit der Planung und Projektsteuerung

PROJEKTNEUTRALE ERSCHLIESSUNGSMASSNAHMEN

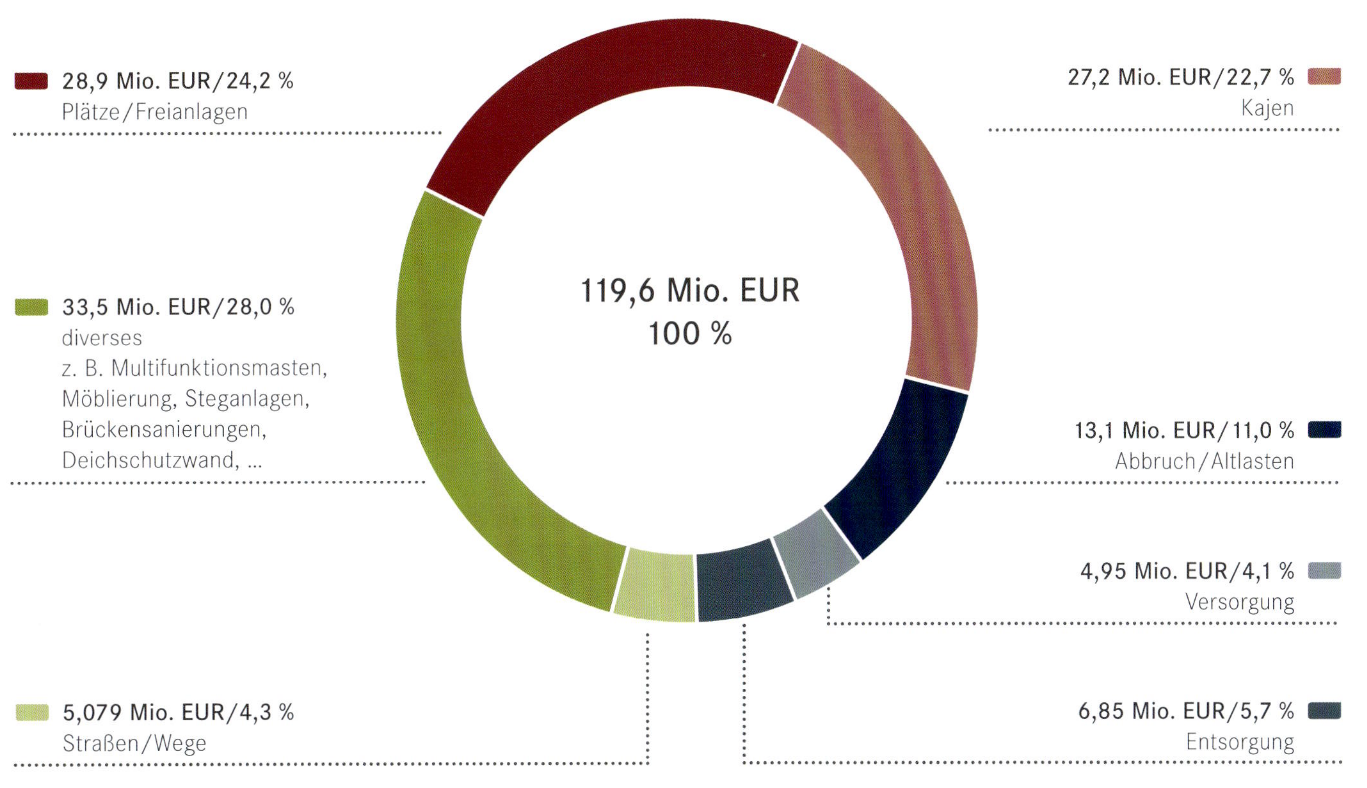

für die Infrastruktur beauftragte BIS erhält politisch beschlossene Aufträge: Von der Altlastensanierung bis zu Kajenneubauten, vom Kanal- und Straßenbau bis zu Brückenerrichtungen, von der Anlage von Grünflächen bis zur Beleuchtung des Gesamtgebietes.

Die Umsetzung der Infrastruktur geht in großen Schritten voran. 2009 werden diese Vorhaben bis auf einige Restarbeiten abgeschlossen.

Parallel zur Herstellung der Infrastruktur wird ab dem Jahre 2003 mit der Planung und Umsetzung der großen so genanten Impuls-Investitionsprojekte begonnen; dies sind der Neubau der Schleuse Neuer Hafen inklusive Schlepperpier, die Planung und der Bau des Deutschen Auswandererhauses sowie die Planung und der Bau des Klimahauses. Eine besondere Herausforderung für alle Beteiligten stellt der Bau des Klimahauses dar.

Da sich die Baumaßnahme von Beginn an, quasi mit der ersten Auftragsvergabe, aus unterschiedlichen Gründen immer weiter verzögert, müssen auch die Fertigstellungstermine immer weiter verschoben werden. Dass mit der sich immer weiter hinauszögernden Fertigstellung des Gebäudes Mehrkosten entstehen würden, wird im Sommer 2008 bekannt. Im Spätherbst 2008 deutet sich an, dass auch der bis dahin geltende Eröffnungstermin nicht zu halten sein wird. Auf Empfehlung der weiter verstärkten Projektsteuerung erklärt der private Betreiber, die Klimahaus-Betriebsgesellschaft mbH, nach Abstimmung mit der Bauherrin eine weitere Verschiebung des Eröffnungstermins um vier Monate – auf den 27. Juni 2009. Die Eröffnung des Klimahauses ist ein riesiger Erfolg, zunächst allerdings unter Inkaufnahme von rund 30 Mio. EUR Mehrkosten.

DIE ORGANISATION

Die Organisation des Projekts Havenwelten, das an Vielschichtigkeit und Heterogenität mit anderen Großprojekten nicht zu vergleichen

HAVENWELTEN-ORGANISATION

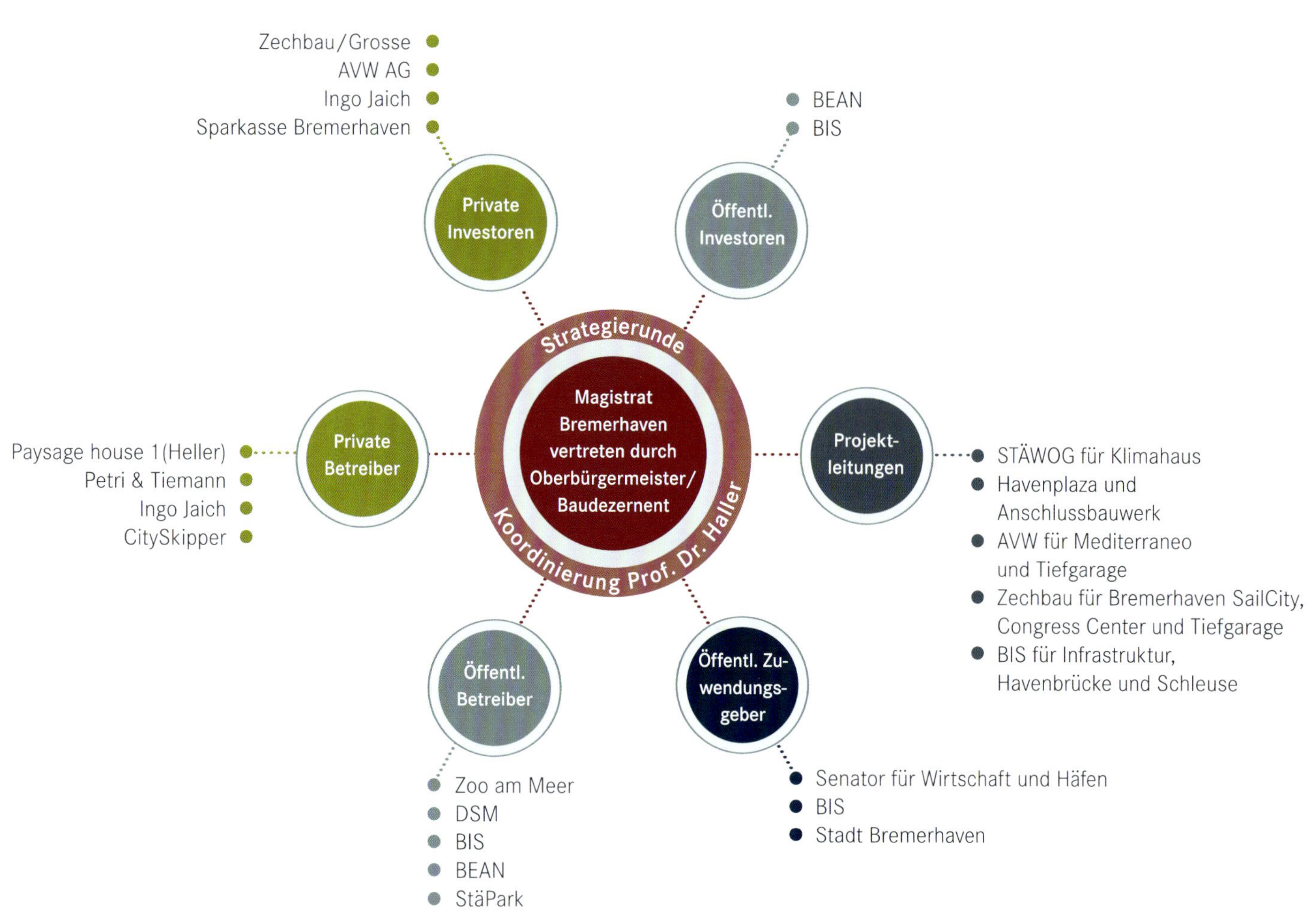

ist, erfordert eine straffe Struktur. Die Komplexität des Gesamtprojekts hat bisher in Bremerhaven kein historisches Vorbild.

Neben der Einbindung der operativen Verwaltungsebene mit Ämtern und Zuwendungsgebern waren und sind auch die politischen Gremien sowie die privaten Investoren und Betreiber in den Entscheidungsprozess einzubinden. Letzteres geschieht über die in regelmäßigen Abständen tagende Strategierunde. Alle übergreifenden Probleme sowie anstehenden Entwicklungsplanungen werden in diesen Gremien vorgestellt und erörtert. Notwendiges operatives Handeln der beteiligten Umsetzungsgesellschaften, der Verwaltung, der Politik und der Investoren wird hier besprochen und abgestimmt.

Die politischen Gremien werden über den Magistrat eingebunden. Zum einen ist er Gesellschafter aller an der Umsetzung beteiligten städtischen Gesellschaften StäWoG, BIS und BEAN. Andererseits werden alle Einzelmaßnahmen des Projektes über den Magistrat in die Stadtverordnetenversammlung oder deren Ausschüsse wie Finanz- und Wirtschaftsausschuss sowie Bauausschuss hineingetragen und beschlossen.

„Die Politik hat das Projekt förderlich begleitet und am Ende immer autorisiert.“

Oberbürgermeister Jörg Schulz

Das zuständige Referat für Wirtschaft vollzieht die Abstimmungen mit den senatorischen Dienststellen des Landes. Die wiederum berichten gegenüber den Landespolitikern. Eine Grundlage der Berichterstattung sind die Sachstandsberichte des dafür beauftragten Bremer Ausschusses für Wirtschaftsforschung. ◆

Vielfältig wie diese Türme präsentieren sich die neuen Havenwelten in der Stadt.

HAVENWELTEN MACHEN SCHLAGZEILEN

The New York Times

Emigration … Why so many did untertake it is one of the questions, that the museum is intended to answer … The idea is to remove the emigration experinece from the abstract, to make it tangible.

2. September 2005

Sonntagsjournal

Von der Aussichtsplattform sieht man viel deutlicher, wie attraktiv Bremerhaven und wie wunderbar die Stadt in das Umland eingebettet ist.

4. Mai 2008

DIE ZEIT

Donnerwetter.
Schon lange ist Bremerhaven beliebt als Ausflugsziel.

25. Juni 2009

NEUE OZ OSNABRÜCKER ZEITUNG

Die Welt im Glashaus? Faszination zum Greifen.

18. Juli 2009

Süddeutsche Zeitung

Das Deutsche Auswandererhaus könnte ein Prototyp für das Museum der Zukunft werden.

6. August 2005

Alle Wetter! Im besten Fall also soll die Welt durch das Klimahaus besser werden – da darf man Gott schon mal ein bisschen Fläche reservieren.

26. Juni 2009

Kölner Stadt-Anzeiger

Für Bremerhaven ist der touristische Umbau abgeschlossen und die Stadt ein gutes Stück näher ans Wasser gerichtet – und an das Ziel, sich als wichtigste Destination für Städtetourismus an der Nordsee zu etablieren.

1. Juli 2009

Frankfurter Allgemeine

Für ökologisch und wissenschaftlich Interessierte lohnt sich auch der mehrmalige Streifzug durch das Klimahaus.

1. Juli 2009

WESTFÄLISCHER ANZEIGER WESTFÄLISCHER KURIER

Am Ende der Weltreise hat man Sand in den Schuhen und Eis unter den Sohlen, aber man fühlt sich gut informiert und glänzend unterhalten.

14. Juli 2009

DIE WELT

Es ist noch nicht allzu lange her, da sagten viele Leute zu Bremerhaven einfach nur „Fishtown" und oft klang das ein wenig abschätzig. Das sagt heute kaum noch jemand, höchstens mal fernab der Küste, weil man da noch nicht mitbekommen hat, wie sehr sich die 115 000 Einwohner Stadt in den letzten Jahren gemausert hat. Bremerhaven ist touristisch gesehen inzwischen eine der interessantesten Städte an der Nordseeküste geworden.

27. Juni 2009

Hamburger Abendblatt

Faszination pur: Mit dem Klimahaus öffnete eine weitere spektakuläre Einrichtung in Deutschland seine Pforten.

29. Juli 2009

Neue Zürcher Zeitung

Die bestechende Architektur hebt das Klimahaus in Bremerhaven heraus …
Nie jedoch wird mit dem erhobenen Zeigefinger die Rettung des Klimas von einem einzelnen gefordert.

17. Juli 2009

NORDSEE-ZEITUNG

Das Conference-Center als fester Bestandteil der Havenwelten scheint sich zu etablieren. Wo man auch hinhört, fallen lobende Worte über die Außenwirkung, die dank einer Reihe großer Konferenzen bundesweit wahrnehmbar ist.

7. September 2009

Über die Piazza zu bummeln macht Spaß …
Das Mediterraneo ist in der Summe ein Erfolg, eine Attraktion in den Havenwelten und eine Bereicherung für die Stadt.

9. Oktober 2009

◆

MEDITERRANEO

WANDEL ERÖFFNET NEUE PERSPEKTIVEN FÜR DIE SEESTADT

Mit den Havenwelten besitzt Bremerhaven jetzt eine doppelte Chance, einerseits führender Standort für den maritimen Städtetourismus an der norddeutschen Küste zu werden und andererseits die lange schmerzlich vermisste Stadtmitte für die Seestadt attraktiv herauszubilden. Somit ist mit der Fertigstellung der Hauptattraktionen der Havenwelten ein großer strukturpolitischer Schritt gelungen.

„Bremerhaven ist unabhängiger geworden und hat viel an Charme gewonnen.“

Claus Brüggemann, Vorstand der Städtischen Sparkasse Bremerhaven

Nach einer langen Phase der Vorbereitung in den 90er Jahren bedurfte es weiterer zehn Jahre, um die vielschichtigen Pläne baulich umzusetzen. Im kommenden Jahrzehnt sind jetzt private Investoren und die öffentliche Hand gefordert, mit weiteren Aktivitäten die Nachhaltigkeit der Havenwelten sicherzustellen. Im harten überregionalen Wettbewerb der Tourismusstandorte darf es keinen Stillstand geben. Bremerhaven braucht wegen seiner noch nicht abschließend gelösten strukturellen Probleme weitere Impulse gerade im Dienstleistungssektor.

In Zukunft sind dazu folgende Aufgaben zu lösen:

1. DIE INTERNE WEITERENTWICKLUNG DER HAVENWELTEN

Die Planungsfläche bietet die Chance, das vielfältige Angebot noch einmal erheblich zu erweitern.

Das Deutsche Schiffahrtsmuseum wird im großen Stil modernisiert und ausgebaut. Die Gremien haben ein umfassendes 100-Millionen-Euro-Programm beschlossen und werden zielgerichtet die Ausstellung erweitern, die Forschung verstärken und mit einer neuen Marketingstrategie die Öffentlichkeit stärker an die Arbeit des Nationalmuseums heranführen. Zu den Plänen gehört auch, einen sechs Etagen hohen Turm mit Bibliothek und Vortragssaal auszustatten.

Das Deutsche Auswandererhaus will nördlich vom Museum einen 1000 Quadratmeter großen Erweiterungsbau errichten. Der auf rund vier Millionen Euro kalkulierte Neubau soll Ende 2011 fertig sein und über eine gläserne Brücke mit dem 2005 eröffneten Stammhaus verbunden werden.

Die Marina mit Boardinghouse wird ebenfalls erweitert. Der private Investor möchte nördlich der Marina mit schwimmenden Ferienhäusern und einem Gebäude mit Garni-Hotel und Geschäften einen weiteren touristischen Glanzpunkt in den Havenwelten setzen.

Im nordöstlichen Bereich des Neuen Hafens wird die gewerbliche Nutzung aufgegeben. Damit steht eine weitere große Freifläche für neue Investitionen bereit. Die Projektentwicklung wird darauf abzielen, die Besucherfrequenz weiter zu erhöhen (Entertainment/ Wellness-Angebote).

Am Alten Hafen wird das alte Koggenbräu-Gebäude adäquat genutzt. Mit einem Umbau sowie einem Anbau an das Speichergebäude wird das Gesamtangebot der Havenwelten passend ergänzt.

Weitere Freiflächen werden gezielt für Hotel-, Büro- und technologieorientierte Nutzungen aufbereitet und Investoren angeboten.

Ausgebaut werden auch die bereits bestehenden äußerst hochwertigen Wohnangebote. Dabei kann die Planung verstärkt auf die Mischung von Wohnen und Arbeiten abgestellt werden (Lofts).

Für die Havenwelten werden zusätzlich familiengerechte Angebote entwickelt, insbesondere für Kinder und Jugendliche.

Die schon zu Beginn des Projekts Havenwelten entstandene moderne Büronutzung im Osten des Neuen Hafens wird ebenfalls weiter entwickelt.

2. DIE VERNETZUNG DER HAVENWELTEN MIT DEM UMFELD

Die Havenwelten bilden mit ihren großen Infrastrukturprojekten einen neuen Schwerpunkt mit eigener Anziehungskraft in der Innenstadt von Bremerhaven. Zentrale Aufgabe ist es jetzt, das Projekt mit seiner großen Magnetwirkung so mit dem Umfeld zu verflechten, dass die City und Bremerhaven insgesamt von den Havenwelten noch mehr profitieren.

Im unmittelbaren Umfeld der Havenwelten sind Grundstücke vorhanden, die für ergänzende Angebote genutzt werden können. Eine besondere Priorität liegt beim so genannten Eulenhof-Grundstück.

Generell werden weitere Investoren interessiert sein, von der Attraktivität und den Frequenzen der Havenwelten zu profitieren. Ein Flächen-Umfeldkataster wird die Neu- und Umnutzungen zusammenfassen und für den überregionalen Markt offen legen.

Schon heute ist deutlich erkennbar, dass über die gläserne Drehbrücke am Alten Hafen das Columbus-Center zusätzlich belebt wird. Daraus wird nach dem System der kommunizierenden Röhren eine Aufwertung der Angebote des Columbus-Centers resultieren. Eine besondere Rolle spielt das zentral gelegene Kaufhaus. Eine mit den Havenwelten übereinstimmende hochwertige Handelsnutzung muss bestehen bleiben.

Für das Weser-Forum im Columbus-Center sind neue Ideen erforderlich, nachdem der Bedarf an Veranstaltungskapazitäten durch das Conference Center abgedeckt ist. Favorisiert werden Handel und Gastronomie.

Eine andere Aufgabe besteht darin, die Havenwelten mit dem stadtbremischen Überseehafen zwischen Kreuzfahrtterminal und neuer Kaiserschleuse zu verbinden. Diese Flächen werden von der staatlichen Gesellschaft bremenports verwaltet, die wiederum in Sail-City residiert und großes Interesse hat, die Aufwertung ihres Geländes voranzutreiben.

Vorrangig ist die verbesserte Anbindung des Kreuzfahrtterminals an die Havenwelten und die City. Die internationalen Kreuzfahrttouristen müssen einen optimalen Eindruck von Bremerhaven gewinnen und in die Welt tragen.

Eine besonders attraktive Lösung wäre es, die Kreuzfahrtaktivitäten direkt in die Havenwelten, also an die Seebäderkaje vor der Strandhalle, zu verlegen. Dies würde einerseits den Anforderungen moderner Kreuzfahrten gerecht und andererseits die Havenwelten und die City Bremerhavens massiv aufwerten.

„Wir sollten die Entwicklung der Stadt nicht auf die Havenwelten begrenzen. Sie erfüllen eine Funktion neben anderen. Wie die stadtbremischen Häfen, die Logistik, die Windkraftbranche, der Fischereihafen mit seiner Biotechnologie, die Hochschule, das AWI und die Innenstadt mit der Fußgängerzone, dem Theater, der Kunsthalle und dem wieder belebten Horten-Haus."

Oberbürgermeister Jörg Schulz

3. DIE HAVENWELTEN ALS BESTANDTEIL DES TOURISMUS-TRAILS BREMERHAVEN

Die Havenwelten können ihre Wirksamkeit für die Region noch erhöhen, wenn ihre touristischen Projekte mit den Angeboten im Süden (Schaufenster Fischereihafen) und im Norden (hafenorientierte touristische Attraktionen) verbunden werden.

Dazu gehört, dass die übrigen Angebote mit ihrer Spezialisierung dem Attraktivitätsniveau der Havenwelten entsprechen. Für das Schaufenster Fischereihafen wird diese Entwicklung schrittweise umgesetzt.

Für das Hafengebiet im Norden, das gerade für Binnenländer mit den weltweit größten Containerschiffen, den riesigen Autotransportern und den attraktiven Kreuzfahrtschiffen besonders reizvoll ist, wird die touristische Erlebbarkeit weiter verbessert. Gute Ansatzpunkte sind mit dem Hafenbus und einigen Aussichtspunkten bereits gegeben.

Die verschiedenen Angebote müssen zu einem Tourismus-Trail verbunden werden. Dazu gehört ein abwechslungsreiches Verkehrssystem für die Touristen, das sowohl Land als auch Wasser einbezieht und so interessante Verbindungen schafft.

4. DAS MARKETING FÜR DIE HAVENWELTEN

In einer Zeit intensiven Informationsaustausches über moderne Technologien bei gleichzeitig steigendem Standortwettbewerb gerade auch im Tourismus bleibt es oberste Pflicht, das hochanspruchsvolle Projekt Havenwelten immer wieder auf hohem Niveau regional, überregional und international zu präsentieren.

Dazu wird das Marketing für die Havenwelten von privaten und den beteiligten öffentlichen Institutionen gemeinsam getragen. Das Marketing muss die Havenwelten als ein sich ständig weiter nach vorn entwickelndes Projekt darstellen. Dazu werden Investoren, Betreiber und insbesondere die Kunden der Havenwelten fortlaufend zu den Angeboten befragt, um aus den Resultaten Konsequenzen für die Weiterentwicklung des Projekts Havenwelten zu ziehen.

„Das Hauptproblem wird jetzt sein, die Attraktionen dauerhaft im Städtetourismus zu positionieren."

Jürgen Adelmann, Geschäftsführer der BIS

Außerdem muss das Marketing die Havenwelten mit anderen strukturpolitischen Aktivitäten Bremerhavens

MEHR AUSWAHL AUF DEM ARBEITSMARKT

Mit dem Entwicklungsgebiet Alter/Neuer Hafen dürften rund 2200 bis 2300 neue Arbeitsplätze verbunden sein, wenn alle Potenziale ausgeschöpft sind. Zu diesem Ergebnis kommt das BAW-Institut für regionale Wirtschaftsforschung in einer 2008 veröffentlichten Studie. 1900 Arbeitsplätze entstehen in den Havenwelten selbst, die übrigen werden außerhalb des Entwicklungsgebiets gesehen.

Vor Beginn des Vorhabens gab es im Entwicklungsgebiet rund 500 Arbeitsplätze, so unter anderem im Deutschen Schiffahrtsmuseum und im Call-Center. Hinzu gekommen sind laut Studie zunächst rund 1100 Arbeitsplätze.

Mit der nächsten Erhebung werden die Beschäftigungseffekte noch positiver ausfallen. Sowohl das Deutsche Auswandererhaus als auch das Klimahaus, das Hotel Sail City und das Mediterraneo gehen so erfolgreich an den Start, dass die Zahl der Mitarbeiter beinahe von Monat zu Monat erhöht wird. Ferner besteht starkes Interesse an den noch freien Grundstücken in den Havenwelten.

und der Region vernetzen und in ein touristisches Gesamtkonzept für den Raum Bremerhaven/Cuxhaven integrieren. So kann sich klassischer Badetourismus ideal mit dem Städtetourismus verbinden.

Das touristische Marketing wird Teil des Gesamtmarketings für die Stadt und die Region Bremerhaven. Die Themen Tourismus, Klima, Häfen/ Logistik, Maritime Wirtschaft/ Schiffbau und Ernährungs-/ Fischwirtschaft, die allesamt Highlights für Bremerhaven darstellen, werden systematisch zusammengefasst und der breiten Öffentlichkeit präsentiert.

Das Projekt Havenwelten wird systematisch fortgeschrieben und schrittweise – entsprechend der Möglichkeiten der Finanzierung – weiterentwickelt. Die Perspektivplanung HAVENWELTEN PLUS wird politisch abgesichert.
Bei der öffentlichen Finanzierung werden insbesondere Bundes- und EU-Mittel eingesetzt.

„Wir wollen die Havenwelten, damit sie Gewinn bringen, Arbeitsplätze bieten, wir die Gewerbesteuereinnahmen steigern und erreichen, dass Bremerhaven künftig anders wahrgenommen wird. Dafür müssen wir geschlossen in Bremen und Hannover auftreten und dort gemeinsam mit unseren Nachbargemeinden unsere vitalen Interessen vertreten. Von der Entwicklung hier profitiert auch die gesamte Region von Butjadingen bis Cuxhaven, weil sich mit den neuen Attraktionen in der Stadt auch die Saison an der Küste verlängern lässt.“

Oberbürgermeister Jörg Schulz

Das Projekt Havenwelten ist der erfolgreiche Beginn, aber noch lange nicht das Ende der touristischen, strukturpolitischen und stadtentwicklungsbezogenen Anstrengungen für die Seestadt Bremerhaven.

◆

IMPRESSUM

AUTOREN :
Anke Breitlauch
unter Mitwirkung
von Prof. Dr. Frank Haller
und Dr. Alfred Lüneburg

TITELFOTO:
Martina Buchholz

FOTOGRAFIE: :
BEAN,
Martina Buchholz,
Deutsches
Auswandererhaus,
Werner Huthmacher,
Ingelore Kreienborg,
Latz+Partner,
Bernd Olthaver,
Christa B. Panick,
Wolfhard Scheer,
Lothar Scheschonka,
Markus Tollhopf,
Zoo am Meer

QUELLEN :
BEAN,
BIS Bremerhaven,
Städtische Wohnungs-
gesellschaft (StäWoG),
Magistrat der Stadt Bremerhaven,
NORDSEE-ZEITUNG (Archiv)

VERLAG UND VERTRIEB:
Wirtschaftsverlag NW
Verlag für neue Wissenschaft GmbH
Bgm.-Smidt-Str. 74 – 76
27568 Bremerhaven
Tel: +49-471-945 44-0
Fax: +49-471-94544-88

GESTALTUNG :
Campaneros Werbeagentur
Bremerhaven GmbH & Co. KG

DRUCK :
Druckerei müllerDITZEN AG,
Bremerhaven

1. Auflage November 2009
2. Auflage Juli 2010
ISBN: 978-3-86918-026-7

KONTAKTE :
www.bremerhaven.de
www.bremerhaven-touristik.de
www.havenwelten.de
www.nw-verlag.de

FSC Mix
Produktgruppe aus vorbildlich bewirtschafteten Wäldern und anderen kontrollierten Herkünften
www.fsc.org Zert.-Nr. GFA-COC-001528
© 1996 Forest Stewardship Council

ANKE BREITLAUCH,
1951 in Bremerhaven geboren; von 1969 bis 2008 tätig als Redakteurin/Ressortleiterin (Hamburger Abendblatt/ Nordsee-Zeitung); Theodor- Wolff-Preis (1983); seit 2009 freie Journalistin, Moderatorin und Medien-Coach (NLP-Master).

DANKE

Die inhaltliche Gestaltung des Buches basiert unter anderem auf Interviews mit den Protagonisten der Havenwelten sowie auf der fortlaufenden Berichterstattung in den Medien, maßgeblich im Lokalteil der NORDSEE-ZEITUNG.

Für die freundliche Unterstützung bei der Herausgabe des Buches gilt der besondere Dank folgenden Institutionen, Unternehmen und Einrichtungen:

ALBRECHT/AVW IMMOBILIEN AG

ATLANTIC HOTELS BREMEN

BDO BREMERHAVEN

BEAN / BREMERHAVENER ENTWICKLUNGSGESELLSCHAFTER ALTER/NEUER HAFEN MBH & CO. KG

BEG / BREMERHAVENER ENTSORGUNGSGESELLSCHAFT MBH

BIS / BREMERHAVENER GESELLSCHAFT FÜR INVESTITIONSFÖRDERUNG UND STADTENTWICKLUNG MBH

BREMER AUFBAUBANK

BREMER LANDESBANK

DAH / DEUTSCHES AUSWANDERERHAUS BREMERHAVEN

DITZEN-GRUPPE BREMERHAVEN

IHK/ INDUSTRIE- UND HANDELSKAMMER BREMERHAVEN

J. GROSSE/LINNEMANN HOTEL HOLDING, BREMEN

KBG/ KLIMAHAUS BETRIEBSGESELLSCHAFT MBH

KUNSTRAUM GFK, HAMBURG

LAMPE + SCHWARTZE, BREMEN

MAGISTRAT DER STADT BREMERHAVEN

NEELMEYER BANK, BREMERHAVEN

SPARKASSE BREMERHAVEN

STÄDTISCHE WOHNUNGSGESELLSCHAFT BREMERHAVEN

SWB BREMERHAVEN

URSULA WULFES STIFTUNG, BREMERHAVEN

ZECH GROUP GMBH